Sabine Hoffmann Muischneek

Wie tönt Grün?

Rhythmik als Wahrnehmungsförderung

Verlag des Schweizerischen Vereins für Handarbeit und Schulreform

Verlag des Schweizerischen Vereins für Handarbeit und Schulreform
Sekretariat: Erzenbergstrasse 54, 4410 Liestal

ISBN - 3 -908236 - 08 - 8

Produktion: Lüthi electronic printing ag, Winterthur

Illustrationen, Umschlag und Layout:
Sonja Schürmann, wissenschaftliche Illustratorin, Zürich

Fotos im Textteil:
Roger Kaysel, Fotograf, Birmenstorf AG

Umschlag-Fotos: Martin Vogt, Murten

Sabine Hoffmann

«Am sinnvollsten scheint mir, die Rhythmik gleichwertig neben Deutsch, Biologie, Musik, Philosophie, Mathematik, Fremdsprachen, Psychologie, in die Ausbildung von Kindergärtnerinnen, Erziehern, Hortnerinnen, Volksschullehrern, Heilpädagogen einzubauen.»
So sieht unsere Autorin den Platz der Rhythmik. Kein Fach, aber als Arbeitsprinzip angewendet, hat Rhythmik einen unübersehbaren, hohen Stellenwert im Bildungswesen errungen.
Dazu hat Sabine Hoffmann wesentlich beigetragen. Die Aargauerin hat sich nach dem Abschluss des Lehrerinnenseminars in ihrer Tätigkeit von der rhythmischen Erziehung so faszinieren lassen, dass sie schon bald in diesem Bereich hauptberuflich tätig wurde. Sie sammelte am Rhythmikseminar Zürich bei Mimi Scheiblauer vielfältige Erfahrungen, die sie durch eine intensive Tätigkeit ständig erweiterte. In vielen Lehrerfortbildungskursen auf schweizerischer Basis und in vielen Kantonen gab sie ihr Wissen weiter. Aus ihrer Tätigkeit im Bildungswesen möchten wir die wichtigsten Stationen erwähnen:
Fachlehrerin im Ausbildungskurs für Musikalische Grundschule der Kantone Aargau und Solothurn
Lehrbeauftragte für Rhythmik und Methodik an den Rhythmikseminarien in Zürich und Luzern
Gastdozentin bei der Arbeiterwohlfahrt in Bonn, am Heilpädagogischen Seminar in Freiburg i. Br., an der Diakonischen Akademie in Stuttgart
Lehrbeauftragte während fünf Jahren am Erziehungswissenschaftlichen Institut der Eberhard-Karls-Universität in Tübingen
In Übereinstimmung mit ihren wichtigsten Zielsetzungen wird Sabine Hoffmann ab Herbst 1989 als Hauptlehrerin am Lehrerseminar Liestal tätig sein.
Der Verlag des SVHS wünscht der Autorin an ihrem neuen Wirkungsort viel Erfolg. Wir freuen uns aber ganz besonders, dass es gelungen ist, die reichen Erfahrungen aus ihrer langjährigen Tätigkeit in dieser Publikation einzufangen. Sie soll allen im Erziehungsbereich Engagierten anhand konkreter Beispiele die Möglichkeit geben, Menschen ganzheitlich zu erfassen und zu bilden. Für die grosse Arbeit danken wir Sabine Hoffmann und wünschen dem Buch eine grosse Leserschaft.

Sonja Schürmann

Sonja Schürmann ist die Illustratorin dieses Buches. Sie besuchte in Zürich den Vorkurs an der Schule für Gestaltung und absolvierte nachher eine Ausbildung zur Grafikerin. Anschliessend bildete sie sich an der Schule für Gestaltung im Bereich Wissenschaftliches Zeichnen weiter und schloss nach vier Jahren in diesem Bereich mit dem Diplom ab. Nach verschiedenen Stationen und einer Periode als freischaffende Illustratorin arbeitet Sonja Schürmann wieder in einem Grafikatelier.
Der Verlag des SVHS freut sich, dass Sonja Schürmann sich von der Autorin begeistern liess und in enger Zusammenarbeit die kunstvollen Illustrationen schuf. Diese helfen, sich auch visuell in den praktischen Bereich der Rhythmik vorzutasten.
Wir wünschen Sonja Schürmann eine gute Aufnahme ihrer eindrucksvollen Illustrationen.

Verlag des SVHS

«Die Musikmauer»
Durch die beim Bauen gestalteten Lücken werden Pingpongbällchen geworfen, die auf eines oder mehrere Instrumente fallen.

Anstelle eines Vorwortes
oder
wie das Buch zu seinem Namen kam:

In einer Gruppe mit sechsjährigen Kindern beschäftigten wir uns seit ein paar Stunden mit geometrischen Grundformen. Heute lagen aus Rhythmiktüchern gefaltete, unterschiedlich grosse Quadrate, Rechtecke und Dreiecke auf dem Boden. Ich rief die Kinder zu mir und sagte: «Ich spiele euch jetzt auf der Flöte eines dieser Tücher. Wenn ihr genau hinhört, merkt ihr bestimmt, welches gemeint ist; stellt euch dann zu diesem Tuch.» Ich spielte auf meiner Bambusflöte, und die Kinder gingen zu einem Tuch, viele zum gleichen. Nur Martin blieb unschlüssig stehen und bat: «Spiel noch einmal.» Er wollte ganz nahe bei der Flöte sein, um die Töne wahrzunehmen, wenn sie unten aus dem Rohr kämen. Ich wiederholte die Tonfolge. Martin begann zu strahlen: «Jetzt hab' ich's gehört: GRÜN hast du gespielt, ich weiss es genau», und er ging geradewegs auf ein grünes Tuch zu, ohne sich von den übrigen Kindern, die an einem andern Ort standen, beirren oder verunsichern zu lassen.

Die Sicherheit in der Erkenntnis dieses Kindes hat mich so beeindruckt, dass seine Aussage – als Frage formuliert – dieser Sammlung von Gedanken und Beispielen von und über Rhythmik den Namen geben soll.

Inhaltsverzeichnis

Rhythmik gestern – heute – morgen

Geschichte

In ihrer fast hundertjährigen Geschichte hat sich die Rhythmik viele Gesichter zugelegt. Ihre angestammte Verwalterin ist die **Musik:** Ende des letzten Jahrhunderts versuchte der Genfer Musikpädagoge **Emile Jaques-Dalcroze** (1865–1950) seine Klavier- und Theorieschüler musikalische Phänomene über den Körper, mittels Bewegung, erleben zu lassen. Durch das Darstellen eines Melodiebogens mit dem Körper sollte das Spielen desselben Melodiebogens auf dem Instrument vorbereitet, vor-erlebt werden. Das Umsetzen musikalischer Elemente in die Bewegung – und dadurch in den Raum – liess die musikalische Bewegung deutlicher und lebendiger erscheinen. Durch die Bewegung wurden auch formale Zusammenhänge erlebt und dadurch bewusst und beseelt.

Der Erfolg seiner ersten Versuche, die er 1905 anlässlich des Tonkünstlerfestes in Solothurn erstmals einem grösseren Publikum vorstellte, liess Dalcroze seine Ideen weiterentwickeln. Er merkte, dass der Weg, musikalische Gesetzmässigkeiten über die Gesamtkörperbewegung erfahrbar zu machen, auch die innere Bewegung – das Denken – beeinflusst und schult.

In den Jahren 1910–1914 bekam Jaques-Dalcroze die Möglichkeit, in **Hellerau** bei Dresden in einem Festspielhaus, das ihm sein Gönner **Dr. Wolf Dohrn** durch den Architekten Heinrich Tessenow hatte bauen lassen, alle seine Ideen einer Erziehung und Bildung durch den Rhythmus vorzustellen und zu einem Gesamtkunstwerk, in dem Musik und Bewegung/Tanz gleichwertig neben Licht- und Raumgestaltung Bestand hatten, zu verdichten. Die deutsche Erstaufführung von Paul Claudels **«L'annonce faite à Marie»** (1913) und Glucks **«Orpheus»** (1913) sind nur zwei von mehreren Beispielen, die weltweit Aufsehen erregten.

Von den einen wurden die Ideen von Jaques-Dalcroze begeistert aufgenommen, von anderen (dem Philosophen Ludwig Klages und dem Gymnastiker Rudolf Bode, die mit Gleichgesinnten den Kreis der «Münchner Rebellen» bildeten) heftig angegriffen und kritisiert. Auf viele Bereiche – Musiktheater, Tanz, Gymnastik, Musikerziehung, Bühnenbild – war von der Arbeits- und Denkweise von Jaques-Dalcroze ein zündender Funke übergesprungen. Als Jaques-Dalcroze 1914, zusammen mit anderen Schweizer Künstlern und Intellektuellen, den Genfer Protest gegen die Zerstörung der Kathedrale von Reims unterzeichnete, fand seine Tätigkeit in Hellerau ein abruptes Ende. Er sah sich gezwungen, ins «enge, strenge, calvinistische Genf zurückzukehren, wo man die Genialität seiner Ideen eigentlich nie ganz erfasst hatte» (M. Scheiblauer).

Verbreitung seiner Ideen

Mit dem 1949 erschienenen Buch «Durchbruch zum Rhythmischen in der Erziehung» zeigte eine Dalcroze-Schülerin der ersten Generation, die Deutsche **Elfriede Feudel-Thurau** (1881–1966), einen weiteren Bereich auf, in dem das rhythmische Prinzip zur Anwendung kommen müsste. Als ehemalige Grundschullehrerin, die sich erst in einem Zweitstudium zur Rhythmik- und Musiklehrerin hatte ausbilden lassen, war ihr nicht nur die musikalische, sondern besonders die **allgemeine Bildung** ein Anliegen. Ihr letztes Werk «Dynamische Pädagogik» (1963) beschliesst sie mit den (pessimistischen) Worten: «Wir wissen nicht, was die Zukunft bringen wird. Uns bleibt nichts, als neue Möglichkeiten und Wege vorzustellen, in aller Bescheidung und ohne jede Aussicht auf Erfolg . . .» Ihre Vorschläge, aus einer langen und vielseitigen Tätigkeit entstanden, fanden in der Bundesrepublik nicht die Resonanz, die sie sich erhofft hatte.

Mimi Scheiblauer

Die Schweizerin Mimi Scheiblauer (1891–1968) hatte 1912 in Hellerau bei Jaques-Dalcroze ihr Diplom in Rhythmik erworben und wurde daraufhin am Konservatorium in Zürich für Klavier- und Rhythmikunterricht verpflichtet. Ihre Schüler waren einerseits Berufsstudenten der Musikhochschule, die damals das Anrecht auf eine wöchentliche (Gratis-)Rhythmikstunde hatten. Gleichzeitig brachten aufgeschlossene Eltern ihre Kinder der jungen Lehrerin in den Rhythmikunterricht. Das bedeutete eine Herausforderung für Mimi Scheiblauer. Bei Jaques-Dalcroze hatte sie nur Rhythmik mit Erwachsenen erlebt. Scheiblauer merkte sehr schnell, dass sie seine Ideen, von deren Genialität und Wirkung sie immer überzeugt blieb, für Kinder, vor allem für kleine Kinder, umsetzen musste. Sie erkannte, dass Bewegungen nicht nur durch Musik ausgelöst, beeinflusst und entwickelt werden können, sondern ebenso – und manchmal spontaner – durch bestimmtes und bewusst eingesetztes **Material** oder – um mit Friedrich Fröbel zu sprechen – mit Spielgaben. Sie hielt Ausschau nach Gegenständen, die in ihrer Form so einfach sind, dass sie optimal viele Arten des gestaltenden Umgangs zulassen und provozieren: Reifen, Bälle und (Holz)Kugeln, Schlaghölzer und Blöcke, Verschränkstäbchen und Rasselbüchsen, Tücher und Tamburins (diese nicht nur als «tönendes», sondern auch als «bewegtes» Material erlebt!). Jedem Gegenstand wohnen eigene Gesetzmässigkeiten inne, die es zu entdecken gilt; er löst beim Spielenden bestimmte Bewegungen, Bewegungsabläufe und dadurch Verhaltensweisen aus. Material und Musik werden gleichwertig als Erziehungshilfen eingesetzt. Die Einsicht, durch den **Umgang** mit Dingen einen **Zugang** zu ihnen zu finden, Gesetzmässigkeiten und Zusammenhänge zu erkennen, auf die man später auf anderem Gebiet oder bei sich selbst wieder stösst, das ist eine Entwicklung, die durch Mimi Scheiblauer in Gang gesetzt worden ist.

Neue Impulse

Professor **Heinrich Hanselmann,** der erste Inhaber eines Lehrstuhles für Heilpädagogik in Europa, kannte Mimi Scheiblauer vom gemeinsamen Musizieren. Er schaute oft in ihren Rhythmikstunden zu und versuchte sie zu überzeugen, dass die Rhythmik nicht nur ein Weg zur Musik ist, sondern eine Möglichkeit der (allgemeinen) Menschenbildung. Hanselmann war sicher, dass der Rhythmik auch in der Heilpädagogik ein gewichtiger und zentraler Platz zukommen müsste. In seinem 1924 in Zürich gegründeten «Heilpädagogischen Seminar» baute Hanselmann die Rhythmik in den Studienablauf ein.

Tamburins als «bewegtes» Material erlebt

Anfang der zwanziger Jahre war die Heilpädagogik noch weit davon entfernt, wissenschaftlich erfasst und begründet zu sein. Hanselmann gab der Rhythmikerin Scheiblauer die Gelegenheit, sich mit allen Zielgruppen der (damaligen) Heilpädagogik auseinanderzusetzen: mit geistig Behinderten, mit Sinnesgeschädigten, mit Verhaltensauffälligen und psychisch Kranken. Mimi Scheiblauer war allem Neuen und Unbekannten gegenüber offen, und Menschen bzw. menschliches Verhalten faszinierten sie zeitlebens. Und sie war wissbegierig und wollte Zusammenhänge ergründen, um bewusst damit umgehen zu können. Die Übereinstimmung der Elemente in Musik und Bewegung und deren Wirkung auf den Menschen glaubte sie nur durch ein Medizinstudium schlüssig beantworten zu können. Da ihr die finanziellen Mittel dazu fehlten, liess sie es vorerst bleiben, um sich zu einem späteren Zeitpunkt psychologischen Studien zu widmen. Ihren Wissensdurst, ihr Verlangen nach Klarheit hat sie in zahlreichen Gesprächen mit Vertretern aus verwandten Disziplinen gestillt: mit Musikern und Theologen, mit Physikern und Biologen, mit Philosophen und Psychologen. Diese Auseinandersetzung mit der eigenen Arbeit hatte zur Folge, dass neue Einsichten sie zu neuen Arbeitsformen, zu einer Umgewichtung der Inhalte veranlasste. Das brachte ihr u.a. den Ausschluss aus dem Dalcroze-Verband, dem sich Dalcroze selbst mit den Worten: «Mais, vous savez, elle a développé mon idée!» entgegenstellte. 1926 wurde – als eigenständige Abteilung des Konservatoriums Zürich – das Rhythmikseminar gegründet, dessen Leitung sie bis zu ihrem Tode innehatte.

Erleben – Erkennen – Benennen

Mit regem Interesse verfolgte Mimi Scheiblauer die Entwicklungen auf verschiedensten Gebieten. Die Haltung und Tätigkeit der um zwanzig Jahre älteren Ärztin und Pädagogin Maria Montessori bewunderte sie zutiefst. Viele Erkenntnisse hat sie in die eigene Arbeit einfliessen lassen. Mit wachsender Erfahrung verstärkte sich bei Scheiblauer die Gewissheit, dass bei Kindern die **Bewegung** der zentrale Ansatzpunkt für die **Erlebnisgrundlage** bildet, da Bewegungen nicht einfach Bewegungen sind, sondern **Urformen** des Denkens. Der geistig behinderte Mensch, der kaum oder nur ansatzweise zur Abstraktion findet, denkt zeitlebens mit seinem Körper. Die Bewegung geriet mehr und mehr zum Angelpunkt, an dem das Prinzip Rhythmik sichtbar wurde. Kinder kommen über die Bewegung, über das Tätigsein, über Handeln zum Erkennen und dadurch zum Benennen. Dieser Aufbau liegt der Rhythmik zugrunde. Erst vor wenigen Jahren wurde in der Sonderpädagogik dieser Weg als der einzig mögliche erkannt. Kinder mit einem Defizit im taktil-kinästhetischen Bereich gelangen ausschliesslich über Erleben von Handlungen zum Erkennen und zur Sprache.

Anwendungsbereiche

Die Rhythmik, wie wir sie bei Mimi Scheiblauer erlebt und gelernt haben, hat verschiedene Anwendungsbereiche. Im ganzen deutschsprachigen Raum und in Israel ist sie aus der Heil- und Sonderpädagogik nicht mehr wegzudenken. Der Film «**Ursula oder das unwerte Leben**» (1966), von Dr. Reni Mertens und Walter Marti nach rhythmischen Prinzipien eindrücklich und gültig gestaltet, hat darüber eine breite (und ahnungslose) Öffentlichkeit orientiert. Der Film hat zum Teil ein einseitiges Bild von Rhythmik hinterlassen, der Eltern veranlasst(e) zu sagen: «Mein Kind ist normal, mein Kind muss nicht in die Rhythmik.» Seit 1965 hat jede Sonderklasse des Kantons Zürich Anrecht auf eine Rhythmikstunde pro Woche, die von einer Rhythmiklehrkraft erteilt wird. (Dadurch hat sich der Eindruck, dass Rhythmik zur Sonderpädagogik gehört, noch verfestigt.)

Rhythmik im Kindergarten

Im Jahre 1936 unterrichtete Mimi Scheiblauer erstmals am Städtischen Kindergärtnerinnenseminar der Stadt Zürich. Die amtierenden Kindergärtnerinnen äusserten anlässlich einer Konferenz Bedenken, solche Rhythmikstunden in den Kindergartenalltag einzubauen. Mimi Scheiblauer erwiderte darauf: «Ich kann Ihnen schon beweisen, dass das möglich ist.» Am Römerhof wurde ihr daraufhin ein Kindergarten zur Verfügung gestellt, in dem sie während eines Jahres mit vierzig (!) Kindern einmal wöchentlich Rhythmik machte, während die Seminaristinnen zuschauten. Danach war das Eis gebrochen, die Rhythmik hat nach und nach in allen Kindergartenseminarien Einzug gehalten und ist heute auf dieser Stufe sowohl in die Ausbildung als auch in den Tätigkeitsbereich und die Fortbildung integriert. Das gilt auch für die Bundesrepublik Deutschland und Österreich sowie für Dänemark und grosse Teile Italiens.

Primar- oder Grundschule

Die allgemeine oder Schulpädagogik tut sich – von einigen Ausnahmen abgesehen – immer noch schwer mit dem Prinzip Rhythmik. Nur in den Kantonen Baselland und Schaffhausen ist Rhythmik im Lehrplan des Oberseminars als Pflichtfach verankert; in einigen Kantonen gehört sie zu den Wahlfächern und wird dadurch mit dem Stempel des Freiwilligen und Zusätzlichen versehen.

Im Gespräch mit Lehrkräften der Grund(Primar)stufe erleben wir anstelle von echter Auseinandersetzung mit dem Arbeitsprinzip

1

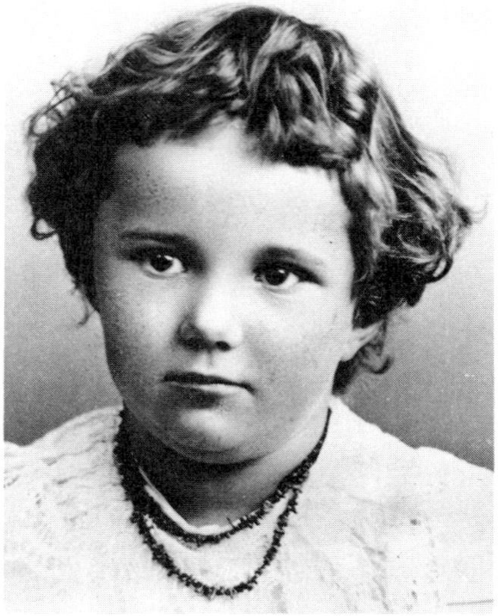

2

3

4

5

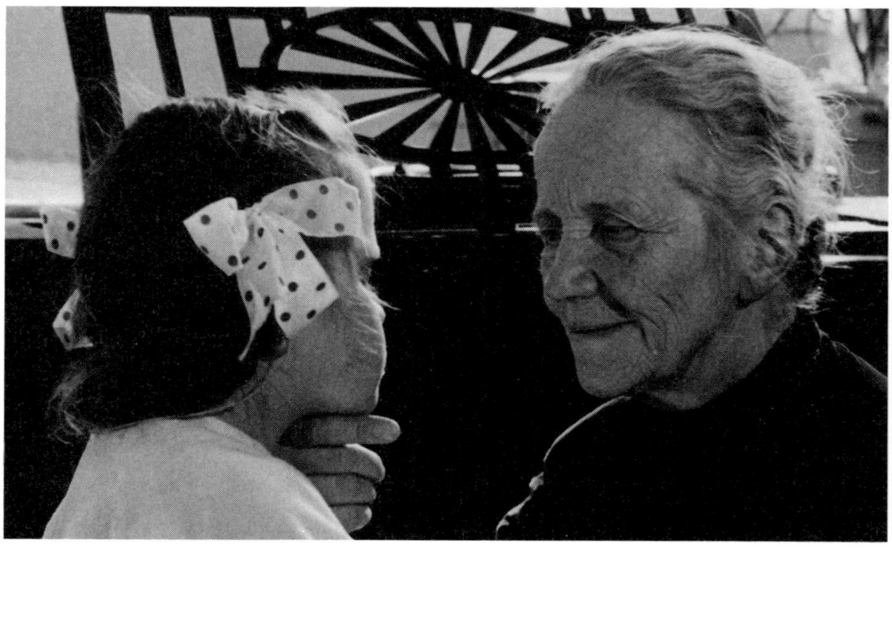

6

Rhythmik nur Abwehr: «Wir fordern endlich Qualität statt Quantität; noch mehr Fächer belasten uns mit noch mehr Stoff!» Das sind die Schlagworte, mit denen man uns zurückweist. Sie sind, in Anbetracht der Anpassung und Veränderung der Lehrpläne, vordergründig verständlich. **Dass Rhythmik integrativ und nicht additiv zu begreifen ist,** können wir erst gar nicht einbringen.

Das Prinzip Rhythmik

Die vielen Gesichter der Rhythmik haben im Laufe der Jahre zu dem Missverständnis geführt, dass sie als eine **Technik** beschrieben und zu einer Rezeptsammlung degradiert wurde. Rhythmik ist keine Technik, sondern stellt die **Grundlage** für verschiedene Techniken und Methoden dar, die in unterschiedlichsten Disziplinen zur Anwendung kommen.

Rhythmik ist nicht so sehr schematische Übungsform für Körpererfahrung und Milieugestaltung, sondern eigentlich die Matrix jener Schemata, in denen unser **Erleben** und **Bewegen,** unser **Denken** und **Sprechen** geschieht.

Mit Bedauern stellen wir fest, dass sich die Rhythmik mehr und mehr in eine musikalische und pädagogische Provinz zurückgezogen hat, in der sie umsorgt und abgeschirmt wird, um nicht fremden Einflüssen zu erliegen und dadurch ihrer Eigenartigkeit verlustig zu gehen. Das eigentliche Anliegen, Rhythmik nämlich als eine **Haltung,** als ein **Prinzip** zu begreifen, das uns Raum und Zeit erschliesst und uns diese in Arbeit und Spiel, im Denken und Fühlen erfahrbar macht, dieses zentrale Anliegen ist uns zunehmend abhanden gekommen.

Rhythmik als Wahrnehmungsförderung

Leistung und Funktion des Prinzips Rhythmik finden wir herkömmlicherweise unter dem Gesichtspunkt der Wahrnehmung beschrieben. Menschliche Wahrnehmung bezieht sich auf den ganzen Bereich psycho-sozialer Lernprozesse. Sie ist – so verstanden – immer Sinn-gebung und Bedeutungslernen. Eine Störung der Wahrnehmung hat dementsprechend einen Sinn- und Bedeutungsverlust zur Folge, d.h. sie betrifft den **ganzen** Menschen. Wahrnehmung ist niemals blosse Teil-Leistung, sondern ganzheitliches und sehr aktives Suchen nach dem, was für mich an diesem Ort und in dieser Stunde von Be-deutung ist. Wahrnehmungs**förderung** heisst demnach, Erlebnisse zu vermitteln, die eine Orientierung durch Strukturierung der eigenen Lebensbezüge erleichtert. Die Motivation für das aktive Lernen wird durch das eigene Tun erhöht. Wahrnehmungsförderung bedeutet weiter Vermittlung sinnvoller Material- und Bewegungserfahrung und vollzieht sich, wenn man so will, eigentlich immer im Spiel. Spiele sollen Spass machen, anregen und

zu Seite 12

Prof. Dr. h.c. Mimi Scheiblauer (1891–1968)

1/2
*Mimi Scheiblauer im Alter von **vier** und **fünf** Jahren (aus Scheiblauers Familienalbum, Photo Hirsbrunner, Luzern)*

3
*Während des Rhythmikstudiums **in Hellerau 1911** (E. Müller, Hofphotograph, Dresden).*

4
Aufnahme aus dem Jahre 1938

5
*Regelmässig verbrachte Mimi Scheiblauer Ferien in ihrem Haus in Chandolin im Val d'Anniviers. Da konnte sie **heiter und unbeschwert** sein wie selten sonst.*

6
*Aus dem Film **«Ursula oder das unwerte Leben»** von Dr. Reni Mertens und Walter Marti (fertiggestellt im Mai 1966)*

herausfordern, d.h. ohne emotionale Beteiligung der Spielenden (und der Spielleiter) nehmen wir nur ungenügend wahr, was für uns die Menschen und die Dinge be-deuten (könnten), das heisst zugleich, wir werden in unserem Lernen und Lehren behindert. Durch die Rhythmik schaffen wir nicht bloss Erlebnisraum für motorische Aktivitäten, wir verbessern dadurch auch die Wahrnehmungs**leistungen:** Wahrnehmen und Bewegen bilden ein Ganzes, bedingen und ergänzen sich gegenseitig. Da Bewegungen Urformen des Denkens sind, ist Bewegungserziehung unter dem Gesichtspunkt ganzheitlicher Förderung auch **Spracherziehung.** Nur durch Handeln findet das Kind zur Sprache. Oder anders: Wenn wir ein Kind zur Sprache führen wollen, müssen wir es zum Handeln bringen.

Die Forschung hat in den letzten Jahren erfolgreich nachzuweisen versucht, dass Wahrnehmen – Bewegen – Sprache – Denken eng vernetzte Bereiche sind, die der Rhythmus, der allem Lebendigen innewohnt, als gemeinsames Merkmal verbindet und zusammenfügt.

Das Prinzip Rhythmik kann also schlecht von einem Anwendungsbereich vereinnahmt oder zu einer blossen Methode werden. Die finale Definition kann in unterschiedliche Lernformen und Lerninhalte eingebracht werden.

Das Prinzip Rhythmik beschreibt letztlich die Absicht,

- Erlebnisse zu vermitteln über sich selbst, über seinen Körper und dessen Möglichkeiten (und Grenzen), sich zu verhalten in der Gesetzmässigkeit von Raum und Zeit;
- Erlebnismöglichkeiten zur Verfügung zu halten für den gestaltenden Umgang (d.h. im Umgestalten und Verändern, im In-Beziehung-Setzen, im Fädenspannen und -weiterspinnen) mittels Musik, Farben und Formen und Material, mittels Bewegung und Sprache

mit dem Ziel, die äussere und innere Welt als ein Ganzes wahrzunehmen, das es zeitlebens neu, bewusst gestaltend, mit Sinn zu erfüllen gilt. Rhythmik ist immer eine Erziehung zur Beziehung, d.h. sie schafft Möglichkeiten zur Sensibilisierung und Differenzierung sozialen Verhaltens.

Im Folgenden versuche ich, an konkreten Beispielen, wie sie mit Kindern zwischen zwei und zwölf Jahren erlebt werden können, einen Weg aufzuzeigen, welcher Anhaltspunkte des Prinzips Rhythmik beinhaltet, einen Weg, der für den einzelnen zu einem Instrument der persönlichen Lebensgestaltung und -bewältigung werden kann.

Spiele sollen Spass machen, anregen und herausfordern.

Die Zukunft verlangt vernetzte und hoch-
leistungsfähige Kommunikationssysteme

Netz-Spiele

Wir brauchen dazu einen Knäuel Makramee-Garn in einer Farbe, die sich gut von derjenigen des Bodens abhebt.

Stuhlkreis

Ein Spieler hält das Ende des Knäuels fest und wirft ihn einem andern zu und so weiter, bis der Knäuel wieder beim ersten Spieler ankommt. Es ist ein Geflecht (Gespinst) aus Fäden entstanden, ein Netz.

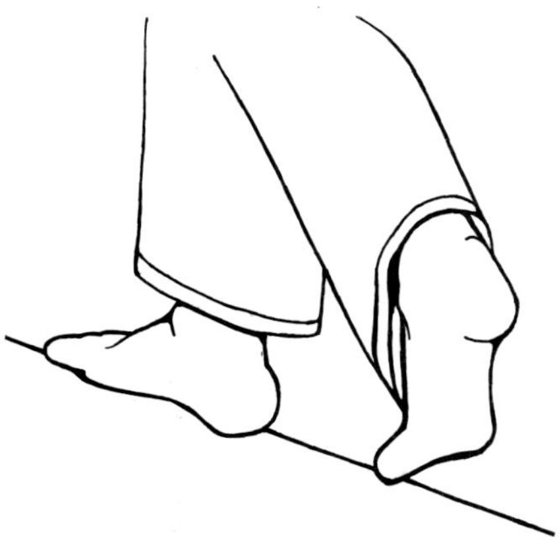

Spüren

Alle halten ihre Fäden in beiden Händen und schliessen die Augen. Durch Ziehen und Zupfen «telegrafieren» und «morsen» sie dem Empfänger am andern Ende des «Drahtes» und warten auf Antwort. Dadurch wird die **Richtung,** in welche die Drähte führen, wahrgenommen. Zur Überprüfung werden die Augen geöffnet und dem Draht entlanggeschickt.

Unten/Oben

Die Fäden werden an einem Stuhlbein fixiert. Ein Kind (Spieler) beginnt mit der «Sternwanderung», indem es auf einem der Strahlen Fuss vor Fuss setzt bis zu seinem Gegenüber. Das ins Auge gefasste Kind kann seinerseits mit Balancieren beginnen, sobald es gemerkt hat, dass jemand auf es zukommt. Das bedeutet, dass mehrere Kinder gleichzeitig unterwegs sein können.

Das Spiel verlangt visuelle Aufmerksamkeit, Sich-Einordnen, Voraussehen/Planen und motorische Geschicklichkeit.

Vereinfachen

Ist diese Form wegen der Anforderung an das Gleichgewicht zu anspruchsvoll, kann das Kind **seitwärts** über die Schnur gehen oder diese als Mittellinie nehmen und sich links und rechts davon bewegen. Oder es kriecht auf allen vieren und sucht sich den Weg, evtl. mit geschlossenen Augen, dem Leitseil entlang durch Ertasten mit den Händen.

Beginnen zwei oder drei Kinder gleichzeitig diesen Kriechweg, ist es spannend zu beobachten, ob sie merken, wenn ein anderes Kind ihren Weg kreuzt, und wie sie auf dieses Gewahrwerden eingehen; ebenso, welche Möglichkeiten das Empfängerkind findet, um dem Ankommenden mitzuteilen, dass sein Weg zu Ende ist.

Bei allen «Blindenübungen» müssen die «Sehenden» sich dessen bewusst sein, dass sie für ihre Kameraden die Verantwortung tragen, dass Vertrauen sich nur aufbauen und festigen kann, wenn sich alle angesprochen und miteinbezogen fühlen. Die Wartenden erfahren, dass «Aktivsein» nicht nur gleichbedeutend ist mit «In-Bewegung-Sein», sondern dass «Tätigsein» auch Mit-hören, Mit-spüren, Mit-fühlen (Mitgefühl), Mit-denken und, in diesem Fall, Mit-schauen meint, oder anders ausgedrückt: dass die äussere Tätigkeit zu einer inneren werden kann.

Varianten

Ein Kind besucht ein anderes. Das ist meist nicht auf einer direkten Verbindungslinie möglich, es bedingt, dass das Kind unterwegs «umsteigt», d.h. sich jeweils an einer Kreuzung entscheidet, auf welcher Linie es die Fahrt fortsetzen kann, um ans Ziel zu gelangen.

Die halbe oder gar die ganze Gruppe ist **gleichzeitig** unterwegs, es darf keine Zusammenstösse auf offener Strecke geben. Vor jeder Kreuzung muss ich mich absichern, dass meine Linie frei ist. Die neu einzuschlagende Richtung muss deutlich aus der Fussstellung ersichtlich sein.

Oben

Alle stellen sich auf die Stühle und halten die Fäden fest. Eines hält sich mit einer Hand am Draht wie ein Trolleybus und fährt der Linie entlang; bei jeder Kreuzung erfolgt ein Handwechsel. Wer hat Lust, eine Fahrt mit geschlossenen Augen zu machen?

Richtungshören

Während der Fahrt wird das Kind von aussen gerufen: «Komm zu mir!» Kann es den Klang orten, und vermag es den Weg durch das Gewirr der Fäden zu finden? Wenn das rufende Kind den

Eindruck gewinnt, der Ruf sei verlorengegangen, kann es ihn wiederholen.

Das Spiel kann nur kurze Zeit gespielt werden, da das Hochhalten des gespannten Fadens sehr ermüdet. Bei Vorschulkindern könnten beispielsweise an einem Besuchstag die Erwachsenen in dieses Spiel miteinbezogen werden.

Von der Fläche zum Raum

Stehkreis

Die Fäden werden in Händen gehalten und in wechselnder und dem einzelnen entsprechender Geschwindigkeit auf und ab, nach rechts und links bewegt. Gefällt das Gebilde jemandem gut, kann er durch Zuruf die Bewegung unterbrechen und dann weiterführen lassen. Das Spiel ist zu Ende, wenn alle Fäden in der **Fläche** zur Ruhe gekommen sind.

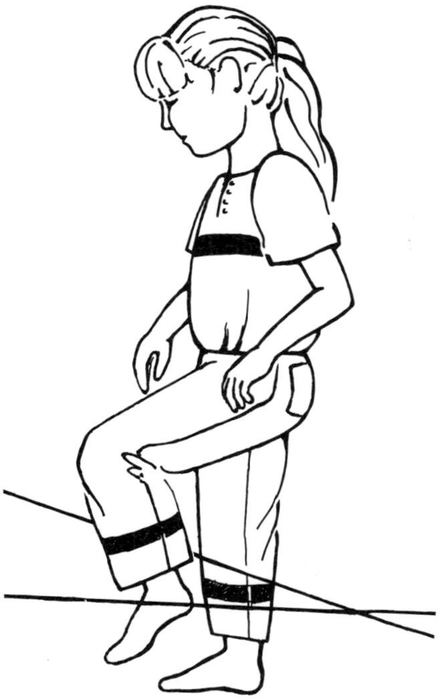

Spiele mit den Feldern, mit den Ausschnitten, mit den Teilstücken

Bewegungsfantasie

Das Netz wird in einem bestimmten Abstand über dem Boden gehalten oder über das Stuhlbein bis unter die Sitzfläche gezogen. Jeweils ein Kind bewegt sich durch das Netz: vorwärts, rückwärts, auf allen vieren, auf einem Bein hüpfend, die Linien mit geschlossenen Füssen überspringend, im Wechsel steigen und schlüpfen, auf die Kreuzungen treten . . .

Steigen oder Schlüpfen

Das Netz wird von der Gruppe gehalten. Aus der Körperhaltung des gehenden Kindes ist seine Absicht erkennbar, ob es steigen oder schlüpfen wird, die Gruppe verändert die Höhe des Netzes entsprechend.

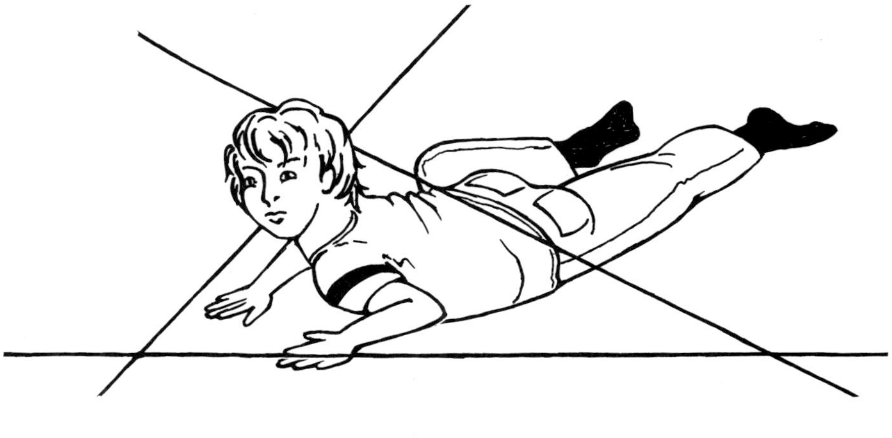

Führen – Folgen

Das Netz wird in geringer Höhe über dem Boden gehalten. Ein Kind geht einen Weg durch dieses Netz, ein anderes folgt ihm auf dem Fuss. Der Gänsemarsch kann erweitert werden, evtl. bewegt sich gleichzeitig ein zweiter. In diesem Fall werden die Fäden des Netzes um die Stuhlbeine gelegt oder am Boden mit Klebband fixiert. Dies verlangt vom Führenden **Planen** und **Sich-entscheiden** und vom Folgenden (von den Folgenden) stets **visuelle Aufmerksamkeit.**

Bewegung gegen Bewegung

Das Netz ist ständig in Bewegung. Wer hat Lust, wer getraut sich, sich darin zu bewegen?

Es braucht Mut, sich zu bewegen in einer Umgebung, die selber bewegt ist.

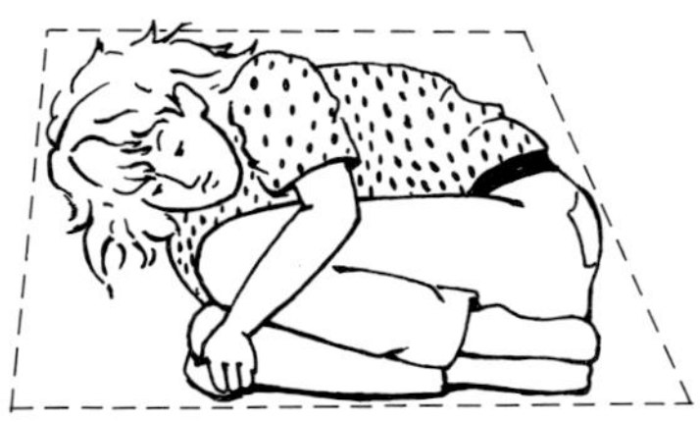

Felder in bezug auf Form und Grösse in Beziehung setzen

«Ich mache einen Gross/klein-Spaziergang.» «Mein Spaziergang sieht so aus: das nächste Feld ist immer etwas kleiner/grösser als das vorhergehende.» «Ich mache einen Nicht-Dreieck-Spaziergang.»

Mit der neuen Mathematik wurde der Begriff der Negation neu definiert. Ein Kind nimmt bis zum Alter von zwei Jahren keine Verneinung wahr: «Steig nicht auf den Stuhl!» warnt die Mutter und ist erstaunt/entrüstet, dass das Kind steigt. Auf die Aufforderung: «Bringt alle nicht-roten Stäbchen», bringen die meisten Fünfjährigen die roten; bei den Sechsjährigen werden einige stutzig und überlegen, und bei Erstklässlern sind immer noch welche, die ganz selbstverständlich die roten bringen.

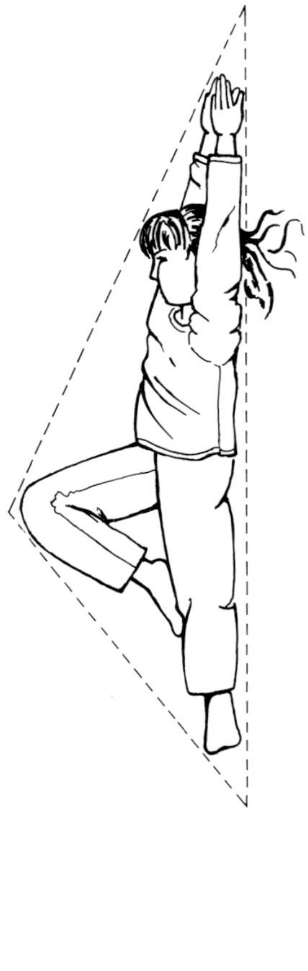

Die Form eines Feldes in Beziehung setzen zum eigenen Körper

Partnerübung

Ein Kind versucht, ein Kamerädlein so zu «formen», dass es dem Feld entspricht: in Bauch-, Rücken- oder Seitenlage, gedrängt oder ausfliessend.

Mit Material gestalten

Jeder entscheidet sich für ein Feld und wählt sich ein Material (Schuhe, Murmeln, Farbstifte, Luftballons, Stühle, Tücher . . .) und **gestaltet** (nicht füllt) damit das Feld. Betont werden können die Ecken (Winkel), die Grenzlinien, die Mitte.

Figur-Grund Übung

Ein Kind stellt sich in ein beliebiges Feld. Alle, die an diesem Feld Anteil haben, stellen sich auf den Stuhl. Das Feld wird gewechselt. **Einfacher** ist es, wenn diese Übung unmittelbar auf die vorher beschriebene folgt, die einzelnen Felder noch mit Material gestaltet sind. Die Frage könnte dann lauten: Wessen Fäden bilden das Chiffon-Tuch-Feld? Wer hat etwas zu tun mit dem Stäbchen-Feld? usw.

Weiterführen

In Gruppen: auf A4- (oder grösseren) Blättern sind mögliche Netze vorgezeichnet mit den Endpunkten. Die Kinder malen jedes Feld mit einer anderen Farbe aus. Die dazugehörigen Endpunkte werden mit der gleichen Farbe eingerahmt.

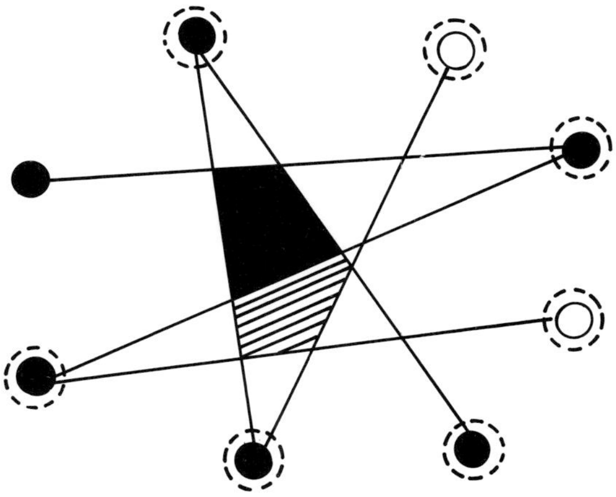

Spielen mit der Fläche

Im Stehen wird das Netz gehalten und immer so verändert, dass ein Ballon nicht «durch die Maschen» fällt!

Auflösen

Wie das Netz entstanden ist, kann es auch wieder aufgelöst werden: der letzte steht auf und beginnt, den Knäuel aufzurollen, der zweitletzte fährt fort usw.

Bei Vorschulkindern ist aufschlussreich zu beobachten, wie die Koordination Füsse – Hände/Augen spielt: Es gibt Kinder, die mit dem Aufwickeln so beschäftigt sind, dass sie nicht gleichzeitig noch gehen können, sie wechseln mit den beiden Tätigkeiten ab.

Eine andere Art

Jeder hält sein Stück Schnur fest und bewegt sich langsam auf die Mitte des Kreises zu. Jede Kreuzung mit anderen Fäden muss durch Übersteigen oder Schlüpfen umgangen werden. Das Erstaunen ist gross, wenn sich am Schluss das ganze Durcheinander in eine – **Kreislinie** auflöst!

Umsetzen

Zehn bis zwölf Kinder stellen sich auf eine enge Kreislinie, schliessen die Augen und strecken ihre Arme in die Mitte. Mit jeder Hand suchen sie eine andere Hand. Nachdem die Augen wieder geöffnet sind, wird versucht, durch Steigen / Schlüpfen / Drehen / Wenden das Gewirr zu lösen, ohne aber die Hände loszulassen. Das Ergebnis ist nicht immer so eindeutig wie bei der Schnur: es können eigenständige Kreise entstehen oder Ringe, und gelegentlich lässt sich der Knoten überhaupt nicht lösen.

Durch **Umsetzen** lassen sich gleiche Vorgänge auf eine andere Weise erleben:
- mit Material
- mit dem eigenen Körper
- statt in der Gruppe in der Zweierbeziehung oder allein
- statt im Raum auf der Fläche
- statt gross klein
- draussen statt drinnen
- die Gesamtkörperbewegung zurückgeführt auf eine Handbewegung

usw.

Möglichkeiten in bezug auf das Netz

Gestalten

Je zwei Kinder haben eine Tafel (40 × 50 cm) und gemeinsam **eine** weisse Kreide. Die Kinder erhalten die Anweisung, nicht miteinander zu sprechen. Sie sitzen sich am Boden oder auf Stühlen gegenüber, die Tafel liegt zwischen ihnen. Miteinander erfinden sie ein solches Netz, indem das eine eine Linie zieht, die Kreide hinlegt, das andere eine neue Linie ansetzt usw.

Gefällt ihnen das «Gerüst», beginnen sie abwechslungsweise die Felder zu strukturieren mit Tupfen, Strichen, Schlangenlinien usw., bis die Darstellung beiden gefällt. Ausgesparte Felder sind vergleichbar den Pausen in der Musik, also nicht etwa Ausdruck von Leere oder Nichts, sondern vielmehr Punkte des Verweilens, die helfen, das Ganze in ein Spannungsfeld zu setzen. Eventuell kann am Schluss ein einziges Feld mit einer Farbe gestaltet werden. **Das Ganze ist ein Spiel ohne Worte, die Verständigung läuft für einmal nicht über die Sprache.** Diese Form eignet sich sehr für die therapeutische Arbeit, in der das Kind den Erwachsenen immer überlegen erlebt. Ich denke an einen Logopädie- und/oder Legasthenieunterricht. In dieser Spielform fällt die Sprache als das Medium weg, zu der dem Kind der Zugang erschwert, verbaut oder verschüttet ist. Die Endform, das Produkt, ist ganz offen. Die Ausgangslage ist für beide Spieler dieselbe, nach jedem Teilstück muss sich jeder entscheiden, wie er fortfahren, wie er sich dem Vorgegebenen anpassen will. Jeder ordnet sich ständig ein und beeinflusst durch seine Beiträge die Fortsetzung. Der von der Gegebenheit bestimmte Wechsel von Handeln und Warten, Geben und Nehmen, das abwechselnd gemeinsame Gestalten, kann sich positiv auf die Beziehung zwischen Therapeut und Kind auswirken und dadurch das eigentliche Anliegen unterstützen.

In einem Sprachheilkindergarten, in dem jedes Kind seinen angestammten Platz hatte, zeichnete ich im voraus auf A4-Blätter die zwölf Stühle (als Quadrate), und jedes Kind durfte den Weg des Fadens zeichnen.

Varianten

- Das Netz mit Nadel und Faden auf Karton oder Stoff spannen.
- **Nägel** in ein Brett schlagen und **Fäden** oder **Gummiringe spannen.** Die Gummiringe tönen, wenn sie angezupft werden. Da sie unterschiedlich lang bzw. gespannt sind, verändert sich die Tonhöhe.
- Statt mit Strukturen mit **Farben** spielen: mit einer Fettkreide das Netz zeichnen, die Felder mit Rot- oder Blautönen, mit Herbstfarben oder . . . ausfüllen.
- Ab 3. Klasse: mit Kohlestiften auf ein weisses Blatt zeichnen ermöglicht viele Grauabstufungen.

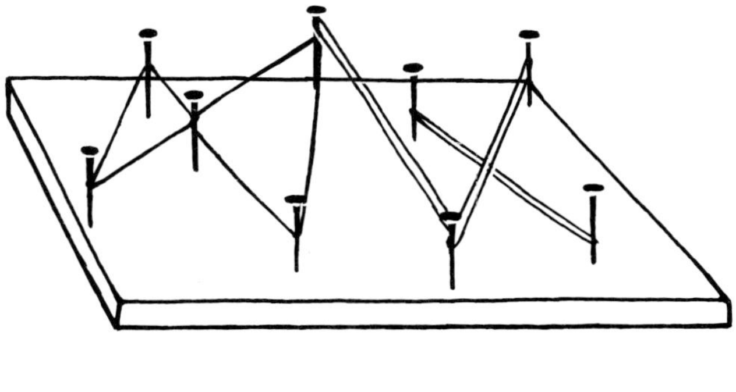

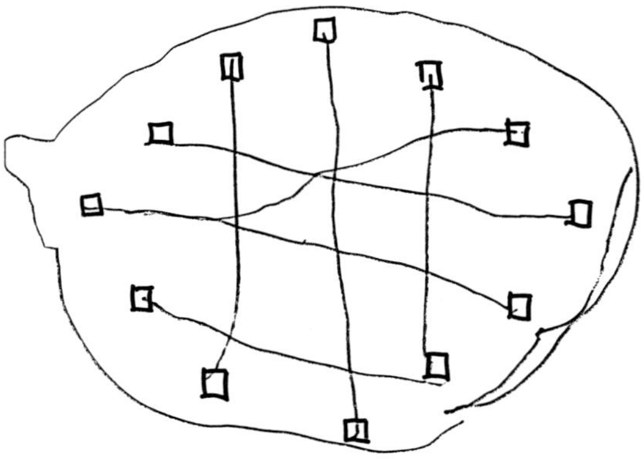
1

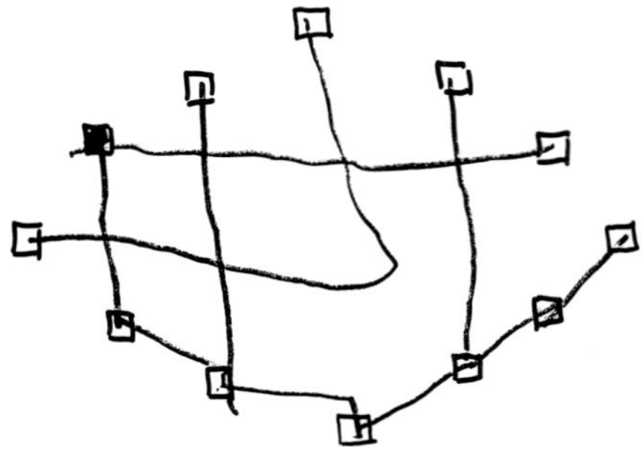
2

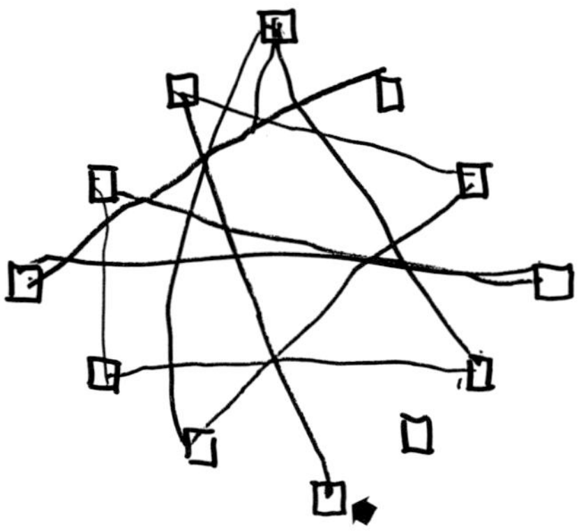
3

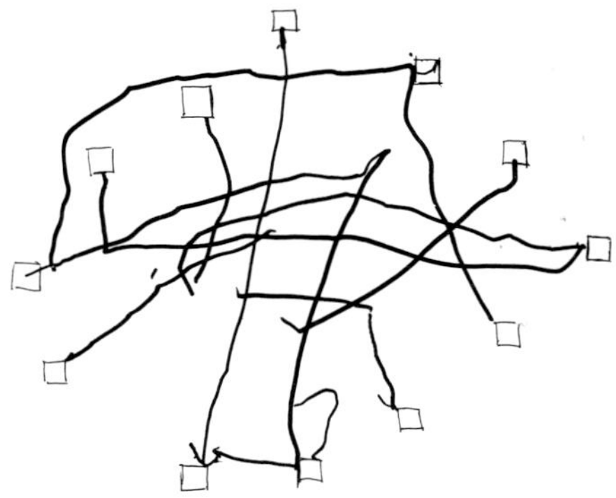
4

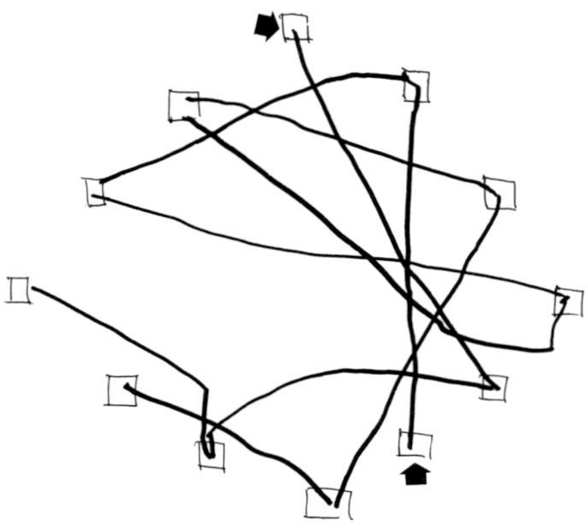
5

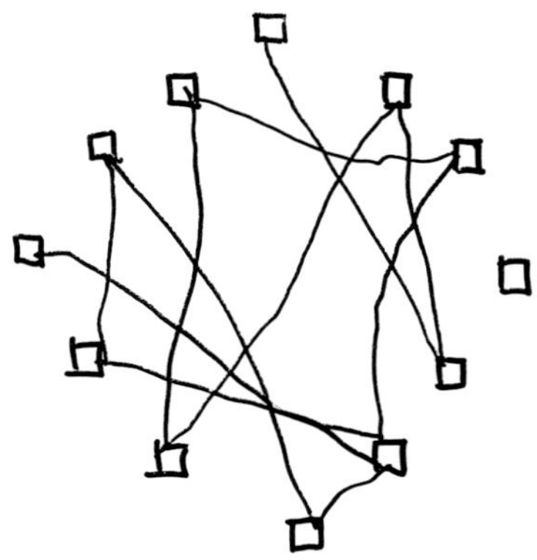
6

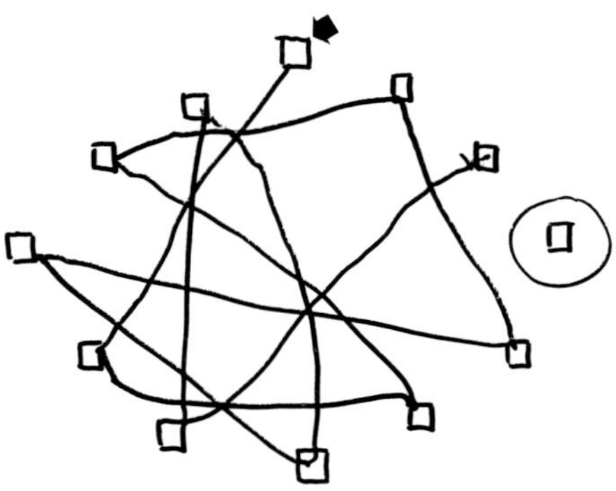
7

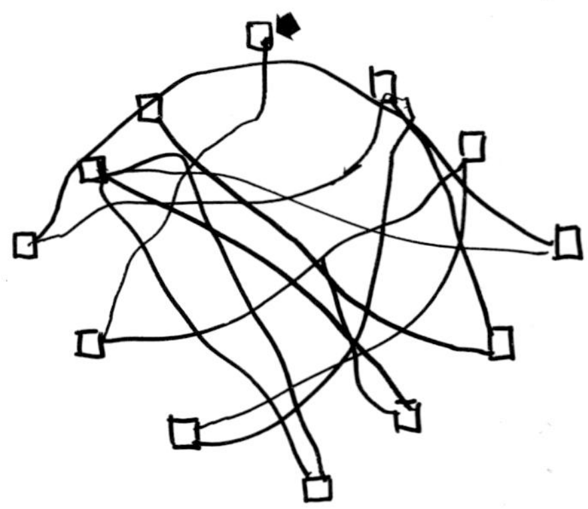
8

Im Freien

Im Sandkasten

Z.B. nach einem Waldspaziergang im Herbst: mit einem Stekken das Netz ziehen, die einzelnen Felder auslegen mit Hagebutten, Eicheln, dürren Tannadeln, Moos, Steinchen, Buchnüssen, Farn . . .

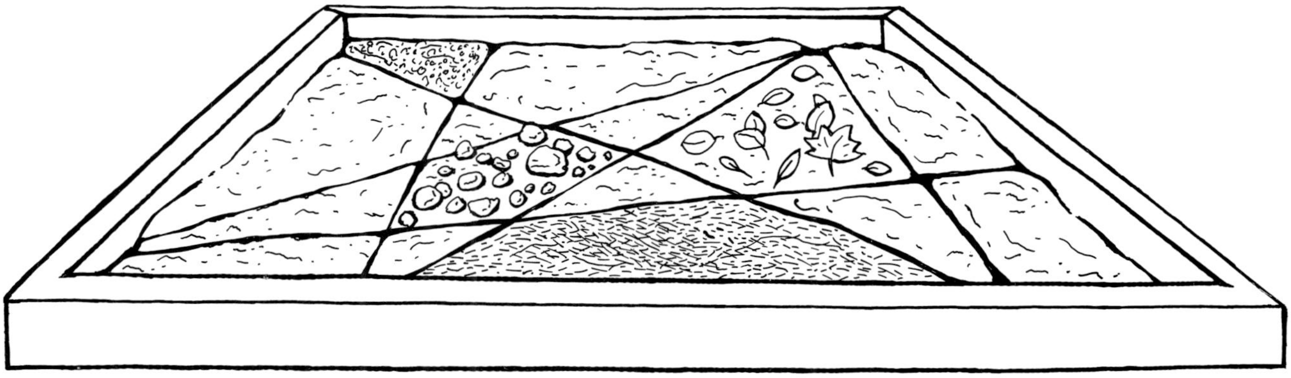

Auf dem Pausenplatz

Mit der Giesskanne das Netz spritzen, die Felder mit verschiedenen Spritzmustern ausfüllen mit und ohne Brause. Die Handhabung ist gar nicht so einfach. Einmal gezogene Striche lassen sich kaum verbessern. Auch schmale Linien verbreitern sich ungewollt. Unebenheiten im Boden werden sichtbar: in ihnen sammelt sich das Wasser. Das «Wassernetzbild» löst bei vielen Heiterkeit aus. Und einigen mag es ein Trost sein, dass die Sonne das Bild wegschleckt . . .

Mit selber gegossenen, faustdicken Kreiden (aus Gips und Farbe und Wasser in Joghurtbechern) das Netz nachzeichnen, währenddessen es aufgerollt wird, und die einzelnen Felder satt ausmalen. (Ausdauer!) Zur Beruhigung der Erwachsenen: der Regen löscht das Bild.

Im textilen Werken

Patchwork, Sticken . . .

zu Seite 24

Zeichnungen von Kindern aus einem Sprachheil-Kindergarten

1/2
Die beiden jüngsten Kinder verbinden ***immer zwei*** *Stühle miteinander.*

3
Gemeinsam *gestaltetes Bild im voraus*

4
K. ist von der ***Problemstellung*** *und der* ***Strichführung*** *her überfordert.*

5
D. setzt zwei Anfänge und erreicht dadurch alle Stühle!

6/7
Einigermassen sicher gezogene Striche, beide Kinder «vergessen» denselben Stuhl.

8
Die Übereinstimmung von Auge und Hand – ***die Visuo-Motorik*** *– ist bei M. noch* ***nicht altersgemäss*** *entwickelt. Aber: alle Stühle sind miteinbezogen!*

Sinn(es)-Erfahrung

Sensumotorik

Die Kreisrelation von Wahrnehmen und Bewegen am Beispiel von Gangarten

Gangarten. In einer Ecke des Raumes liegt ein Reifen. Die Kinder bewegen sich in einem frei gewählten Tempo durch den ganzen Raum. Sobald sich ein Kind in den Reifen stellt, müssen alle anderen stillstehen. Das Kind kommt aus dem Reifen heraus und bewegt sich auf eine andere Art. Jedes Kind versucht, die Bewegung so genau wie möglich aufzunehmen. Der Ablauf wird unterbrochen, wenn sich ein nächstes Kind in den Reifen begibt. Das Spiel ist zu Ende, wenn alle, die Lust dazu hatten, einmal etwas vorgezeigt haben.

In der Fortbewegung können **verändert** werden:

- das **Tempo:** schnell – langsam, gleichmässig – rhythmisiert
- die **Richtung:** vorwärts – rückwärts – seitwärts
- die **Ebene/Lage:** hoch – mittel – tief
- die **Kraft:** viel – wenig (laut – leise)
- die **Körperhaltung** bzw. die Berührungsfläche mit dem Boden

Bei dieser Übung wird zunächst die **Bewegungsfantasie** angesprochen. Das Imitieren verlangt **visuelle Aufmerksamkeit** und **Konzentration** und fördert die **Vorstellung** des **eigenen Körpers.** Im **sozialen Bereich** entsteht ein Wechsel zwischen Vormachen und Nachmachen: für die einen ist es schwierig, **sich** zu **entscheiden,** andere tun sich schwer mit **Verzichten.**

Sammeln

Um die entstandenen Möglichkeiten zusammenzufassen, lasse ich Zeige- und Mittelfinger der einen Hand sich als «Fingerbeine» auf dem Unterarm der Gegenseite bewegen: «Wisst ihr noch, wer diese Gangart erfunden hat?» Gemeinsam gelingt es vielleicht, sich aller Fortbewegungen zu erinnern. Die Kinder probieren dann meistens spontan, diese verkleinerte Bewegungsform nachzumachen (Hilfestellung: der kleine und der Ringfinger halten den Daumen fest, damit die beiden anderen frei beweglich sind.) Auf diese Weise **sehen** und **spüren** die Kinder, wie sich die Finger auf dem Unterarm bewegen. Ob sie sich die Bewegung auch vorstellen können, wenn das Schauen ganz entfällt?

Gangarten taktil wahrnehmen

Ein Kind kniet sich auf den Boden. Es stellt sich vor, sein Rücken bilde eine Tischplatte. Die Arme liegen locker neben dem Oberkörper. Sein Rücken/Tisch ist der Boden, auf dem sich meine Fingerbeine bewegen. Die Fingerbeine gehen – rennen – hüpfen auf einem Bein – galoppieren – stampfen – machen Riesenschritte oder Gänsefüsschen – . . . (Manchmal kann die Gangart genauer vermittelt werden, wenn sie mit den beiden Zeigefingern gezeichnet wird, z.B. beim Hopserhüpfen). Sobald das Kind nichts mehr spürt, setzt es das Wahrgenommene in eine Ganzkörperbewegung im Raum um.

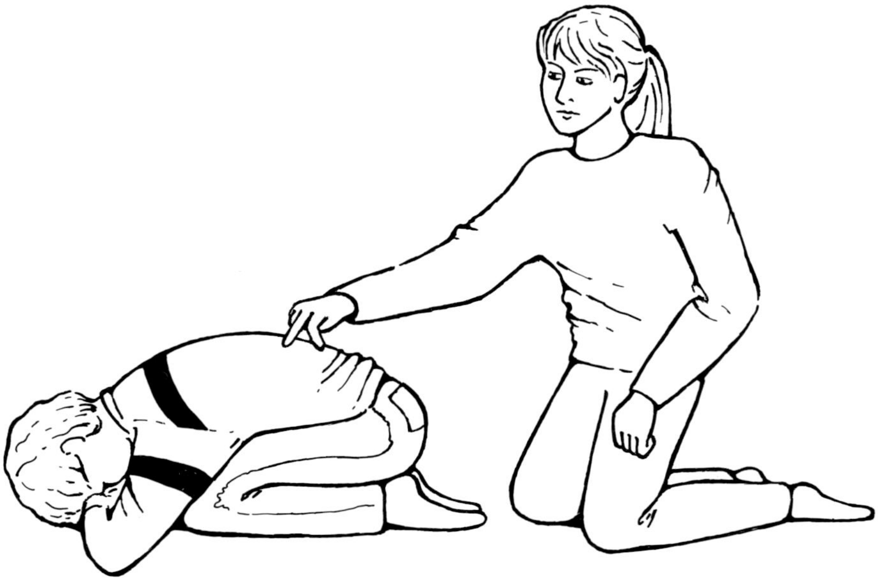

Das Auflösen durch eine sprachliche Bezeichnung ist erst in einem späteren Zeitpunkt sinnvoll.

Das Spiel **paarweise** fortsetzen bedingt, dass die Kinder eine klare Vorstellung der verschiedenen Gangarten haben. Das ist, auch für Unterstufenschüler, manchmal noch schwierig. Aufschlussreich hingegen ist es, wenn der Erwachsene sich auf den Boden legt und die Fingerbeine der Kinder auf seinem Rücken spazierengehen. Er erlebt Kinder, die den Rücken kaum berühren, und bei anderen fühlt man sich anschliessend ganz durchlöchert. Jedenfalls werden die Möglichkeiten und Grenzen der einzelnen Kinder sehr deutlich.

Wieder in den Raum zurück

Rhythmikseile werden als gerade Striche im ganzen Raum verteilt. Die Kinder gehen zu Klavier- oder Handtrommelbegleitung zwischen den Seilen durch. Wird die Begleitung unterbrochen, sucht sich jedes Kind ein Seil und bewegt sich auf seine Art von einem Seilende zum anderen. Es erfindet immer wieder Neues, das Seil bildet eine Art «Leitlinie». Setzt die Musik ein, bewegen sich alle im vorgegebenen Tempo wieder zwischen den Seilen durch.

Die Spuren sichern

«Stellt euch vor, auf unserem Boden läge Sand oder Schnee. Könnt ihr euch vorstellen, welche Spuren eure Gangarten/Muster hinterlassen haben?»

Sichtbar machen durch Aufzeichnen (oder Nachlegen). Für **Vorschulkinder** ist es sinnvoll, als eigenständige Erfahrung vorgängig die Fusssohlen jedes Kindes auf Zeichnungspapier aufzuzeichnen und auszuschneiden. (Für die «rechten» Füsse eine andere Papierfarbe verwenden als für die «linken»). Lustig und einsichtig wird das folgende Spiel für alle Kinder, wenn wir es ins Freie verlegen: der Seil-Strich wird mit der Giesskanne gezogen, die Spuren werden mit nassen Füssen gezeichnet. Gleich daneben zeichnen wir mit Kreide einen Seil-Strich und legen mit den Papierfüssen die nasse Spur nach.

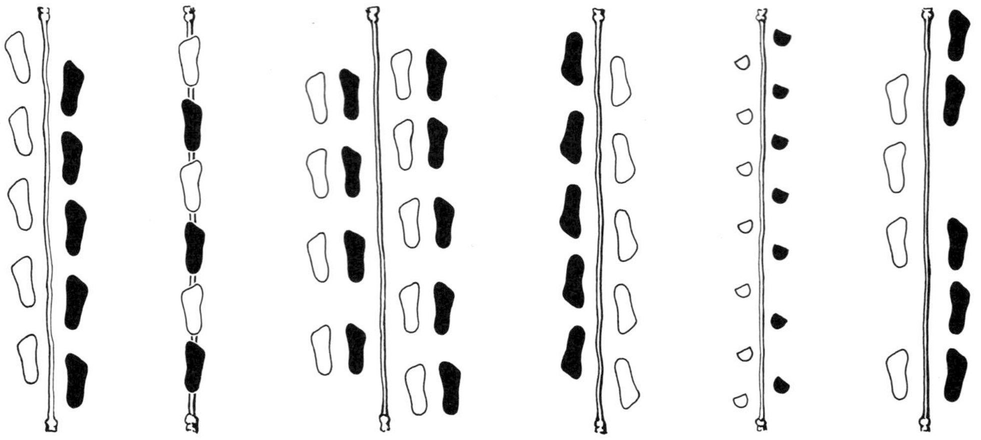

Auf diese Weise sind **eindeutig** *erkennbar und übertragbar: die* ***Richtungen,*** *die* ***Schrittlänge, Ein-*** *und* ***Zwei-Bein-Hüpfen, Hampelmann-Hüpfen, Zehen-*** *und* ***Fersengang, auf allen vieren*** *gehen.*

Mit Schülern können wir schneller **umsetzen** und **abstrahieren:** auf den kleinen Tafeln ziehen wir mit Kreide die Seil-Striche. Auch für die Fussspuren setzen wir nur Striche, jeder Fuss bekommt seine eigene Farbe. Je zwei Kinder gestalten zusammen ein Spurenbild. Anschliessend werden die Tafeln ausgetauscht und die Zeichen entschlüsselt, in dem man sich gegenseitig die Bewegung vorzeigt.

Dass die Vorgaben nicht immer zu eindeutigen Lösungen führen, nehmen wir zum Anlass, nach Verdeutlichungen zu suchen. Das Diskutieren/Benennen bedingt, dass sich der einzelne der Unterschiede zwischen den Gangarten bewusst wird.

Umkehren

Jedes Kind wählt sich eine oder zwei Spuren als Vorbilder aus und bewegt sich entsprechend durch den Raum (auf die Seil-Linie wird verzichtet). Wer findet die gezeichnete Spur dazu?

Hörbar machen

Ins Akustische umsetzen: eine der gezeichneten Spuren wird mit der Stimme oder auf einem Instrument dargestellt. Die Stimme ist für Kinder oft vielfältiger einzusetzen als ein Instrument; mit den Schlaghölzchen oder auf der Handtrommel werden meist nur Tempo und Lautstärke wiedergegeben.

Der Gehörseindruck kann von der ganzen Gruppe unmittelbar

- in Bewegung umgesetzt oder
- dem visuellen Bild zugeordnet oder
- in einen Tasteindruck zurückverwandelt werden, womit sich der Kreis schliesst.

Der Ausgangspunkt oder Auslöser kann immer ein anderer sein:

– ich **bewege** mich, wie ich will
– ich **sehe,** wie ich mich bewegen soll: ich ahme nach, was ich von einem Mitschüler oder in einem Bilderbuch sehe, ich interpretiere Zeichen (Fingerbeine, gelegte oder gezeichnete Spuren)
– ich **höre,** wie ich mich bewegen soll: vokal, instrumental, sprachlich übermittelt
– ich **spüre,** wie ich mich bewegen soll: auf dem Rücken übermittelt

Variante

Sich mit/auf Blöcken fortbewegen. Jedes Kind hat zwei Blöcke und sucht sich damit fortzubewegen unter der Bedingung, dass die Blöcke immer am Boden bleiben:

– die Hände auf die Blöcke legen und sie rasend herumschieben
– sich auf die Blöcke stellen und damit «langlaufen»
– sich darauf rückwärts bewegen (kleine, federnde Schritte)
– sich damit seitwärts bewegen und jedesmal die Längskanten zusammenschlagen
– sich auf beide Blöcke setzen und vorwärtsrutschen
– sich auf die kurzen, schmalen Kanten aufstützen und mit geschlossenen Füssen hüpfen
– auf die längskant stehenden Blöcke vorsichtig auf- und absteigen und sachte vorwärtsrutschen
– Jeder Fuss steht auf einem Block, sich seitlich mit den Händen abstützen, mit dem Rücken zum Boden durchhängen: die Hände «gehen» und schieben dadurch die Füsse vor sich her.
– Beide Füsse stehen auf dem gleichen Block, die Hände halten sich am anderen: die Hände stossen den Block vorwärts, die Füsse ziehen nach.
– Der eine Block liegt, der andere steht längskant, die Füsse bewegen sich auf unterschiedlichen Höhen (hinken).
– ...

Aus dem **Tritt** auf den **Schritt** schliessen: die Kinder setzen sich in der Mitte des Zimmers in eine Gruppe und schliessen die Augen. Eines bewegt sich auf/mit zwei Blöcken aussen herum. Die Horchenden versuchen herauszufinden, wie sich das Kind bewegt hat.

Sinn(es)-Erfahrung

Über Spüren, Greifen und Ergriffensein

Taktil-kinästhetische Wahrnehmung

Durch den **Tastsinn** lassen sich die folgenden Merkmale erfahren und unterscheiden:

- Oberflächenbeschaffenheit (Struktur)
- Form
- Grösse
- Temperatur
- Festigkeit / Widerstand (Konsistenz)
- Gewicht

Aus den jeweiligen Unterschieden lässt sich rückschliessen auf das **Material.**

Tasteindrücke können mit der ganzen Körperoberfläche wahrgenommen werden. **Temperaturunterschiede** werden am stärksten mit Handrücken und -wurzel und den Wangen empfunden; **Schwingungen** spürt man am deutlichsten mit den Lippen und den Fingerkuppen (von Bedeutung für Hörgeschädigte).

Je jünger und/oder behinderter das Kind ist, desto wichtiger ist es, bei **Tastübungen den ganzen Körper** miteinzubeziehen (z.B. sich auf ein Brett legen oder auf ein Federbett, sich in Styroporkugeln einbuddeln oder in Heu) sowie besondere Erfahrungsmöglichkeiten für die **Hände** und wieder andere für die **Füsse** zu schaffen.

Bei Tastübungen mit Vorschulkindern stellen sich uns in der Regel zwei Probleme:

1. Das kleine Kind kann, wie wir wissen, aus physiologischen Gründen seine Augen nicht oder nur mit grossem Kraftaufwand schliessen. Oder es kann sie nur sehr kurze Zeit geschlossen halten; sie «platzen» ihm immer wieder auf. Ältere Kinder schliessen ihre Augen aus anderen Gründen nicht gern: sie haben Angst, sie haben kein Vertrauen zu sich, zur Gruppe, zur Umgebung, sie fürchten, sich zu blamieren usw. Das Augenverbinden mittels eines Tuches oder einer Maske löst diese Probleme nicht.

2. Nur **ein** Kind kann aktiv spielen, was machen die anderen inzwischen?

Beide Schwierigkeiten können auf die folgende Weise umgangen werden:

Bananenschachtel-Kaspertheater

Eine Bananenschachtel wird so auf einen Hocker gestellt, dass die Öffnung im Schachtelboden senkrecht steht, also zur Wand wird. (Siehe Zeichnung). Ein Kind setzt sich hinter die Schachtel und streckt beide Hände durch die Öffnung, die zum Kind hin durch ein Tuch verdeckt ist. Die anderen Kinder der Gruppe setzen sich im Halbkreis davor auf den Boden oder auf niedrige Stühle oder, wenn es sich um eine Mutter/Kind-Rhythmikstunde handelt, auf den Schoss der Mutter. Die Gruppenleiterin, später kann das ein Kind sein, setzt sich vor die Schachtel auf den Boden und gibt dem tastenden Kind einen Gegenstand in die Hände, der ihm aus dem täglichen Leben vertraut ist: einen Löffel (aus Plastik, aus Metall, klein/gross?), einen Schlüssel, eine Zahnbürste, einen Waschlappen, einen Stein, eine Wäscheklammer, einen Knopf, einen Handschuh (Faust- oder Fingerhandschuh, für ein Kind oder für einen Erwachsenen. Spürst du, aus welchem Material er ist, an welche Hand passt er wohl?) Das Kind **berührt**, **umfasst** und **bewegt** den Gegenstand, ohne ihn zu sehen, nur die zuschauenden Kinder können ihn mit den Augen erkennen. Das tastende Kind teilt den anderen mit, was es spürt, indem es den Gegenstand benennt. Erst jetzt zieht es Gegenstand und Hände zu sich und kann überprüfen, ob seine Bezeichnung zutrifft.

Es ist auffällig und bedenklich, wie grosse Mühe vielen Kindern das ***Benennen*** *des Gegenstandes bereitet. Häufig* ***umschreiben*** *sie, wozu der Gegenstand verwendet wird: das ist zum Vorn-an-die-Giesskanne-Stecken (Brause). Wir erweitern mit dieser einfachen Übung gleichzeitig den Wortschatz: erkennen – benennen.*

Unter Umständen drängt sich eine **Vereinfachung** dieser Spielform auf, weil der Wortschatz der Kinder noch zu gering ist (Zwei- bis Dreijährige) oder weil durch eine Hörstörung die Lautsprache noch nicht angebahnt ist.

Der Gesichtssinn soll nun als Brücke zur Tast- und Bewegungserfahrung dienen. Alle zu ertastenden Dinge liegen als Duplikate auf einem für das Kind nicht sichtbaren Tuch. Sobald es den Gegenstand durch Abtasten erkannt hat, legt es ihn auf den Schachtelboden, geht zum Tuch hin und wählt denjenigen aus, den es wahrgenommen hat. Kommt es damit zur Schachtel zurück, sieht es selbst, ob die beiden Dinge übereinstimmen. **Das Gleiche wird erkannt durch das Vergleichen.**

Fürs erste ist es wichtig, dass die Kinder **vertraute** und **bekannte** Dinge spüren. Jedes Kind, das Lust hat, wird einmal aktiver Spieler; sie lösen sich in freier Folge ab. Im Kindergarten kann, wenn das Spiel erst einmal eingeführt ist, während des Freispiels weitergespielt werden. Die Tastsachen werden, je nach Jahreszeit oder Thema, immer wieder ausgewechselt. Bestimmt haben auch noch Einführungsklässler und Unterstufenschüler Spass daran.

Weiterführen – erschweren

Sind in einer ersten Stufe die Dinge wahllos durcheinandergewürfelt einzig nach dem Kriterium des Bekanntseins, werden wir in der Folge zu **ordnen** beginnen und beispielsweise Gegenstände zusammentragen, die einen **gemeinsamen Herkunftsort** haben: Küchengeräte, Puppenkleider, Werkzeuge (an denen man sich aber keinesfalls verletzen kann), Dinge aus der Nähschachtel, Naturmaterialien, die wir während eines Waldspazierganges gesammelt haben, usw. oder nach **Überbegriffen** geordnete Dinge.

Bürsten:	Zahn-, Kleider-, Abwasch-, Haar-, Schuhbürste...
Schuhe:	Sandalen, Bergschuhe, Hausschuhe, Stiefel, Zoccoli, Espadrilles ...
Schreibgeräte:	Filzstift, Kugelschreiber, Tafelkreide, Neocolor, Wachsmaltäfelchen, Bleistift, Füllfeder...

Die Merkfähigkeit einbeziehen

Wir reichen dem Kind nicht nur einen, sondern **nacheinander mehrere Gegenstände.** Sobald es einen erkannt hat, legt es ihn auf den Schachtelboden. Erst am Schluss zählt es auf, was es wahrgenommen hat. Wir legen ihm jedesmal den Gegenstand, den es aufzählt, **auf** die Schachtel.

Der viereinhalbjährige Felix zeichnet für sich eine Tischkarte. Seine älteren Geschwister haben ihm gezeigt, wie er seinen Namen schreiben kann. Er weiss auch, welche Buchstaben er dazu braucht, die ***Reihenfolge*** *kümmert ihn noch nicht. Hauptsache: alle fünf Zeichen sind vorhanden!*

Das kleine Kind, bis zu vier oder fünf Jahren, zählt den zuletzt gespürten Gegenstand als ersten auf. Erst mit der Zeit gelingt es ihm, die ***Reihenfolge*** *wiederzugeben.*

Das Aufnehmen und Wiedergeben von Sequenzen, von Reihenfolgen, im auditiven, im taktil-kinästhetischen und im visuellen Bereich sind Fähigkeiten, die unerlässlich sind, um gesprochene und später geschriebene Sprache zu produzieren und zu reproduzieren.

Im täglichen Leben, in einem Kindergarten- oder Schulalltag, ergeben sich viele Möglichkeiten, um solche serialen Leistungen **spielend** zu fördern. Als allgemeine Regel gilt, dass ein Kind eine Anzahl Gegenstände, um einen Gegenstand weniger, als es Jahre zählt, erfassen und behalten können soll, d.h. ein fünfjähriges Kind sollte vier Gegenstände sehen oder spüren oder vier Klänge/Geräusche hören und anschliessend aufzählen können.

Nach meinen Erfahrungen sind die Leistungen sehr unterschiedlich und hängen wesentlich von den **Übungsmöglichkeiten** ab, die dem Kind angeboten werden oder die es für sich selbst findet. Um mit Montessori zu sprechen: die «angereicherte Umwelt» ist entscheidend für die Wahrnehmungsleistung unserer Kinder.

Mit jeder Hand das gleiche spüren

Die Erfahrung zeigt, dass schon sehr kleine Kinder dazu neigen, **eine** Hand zu bevorzugen. Beim Ertasten von Dingen beschränken sie sich, wenn Grösse und/oder Gewicht des Gegenstandes es nicht erfordern, auf das Berühren mit der jeweils «besseren» Hand. Jede Spezialisierung zieht durch die Beschränkung natürlicherweise eine Vernachlässigung nach sich, wie sie in diesem Alter noch nicht sinnvoll ist. Ich bemühe mich daher, bei allen modalitätsspezifischen Übungen das Spiel so anzuordnen, dass **beide Hände** tasten können/müssen.

Greifsack

Das Besondere an diesem Greifsack ist die **Mittelnaht**, die den Sack in zwei gleiche Teile unterteilt. In beide Hälften werden die gleichen Dinge eingefüllt, so dass das Kind gleichzeitig und unabhängig voneinander Gegenstände «begreifen» kann. Anfangs geht es darum, den gleichen Gegenstand zu finden:

- «Wenn du in jeder Hand das gleiche spürst, zieh die Hände aus dem Sack und schau.»
- Bevor es die Hände aus dem Sack zieht, **sagt** es, was es spürt.
- Das Kind wird aufgefordert, etwas Bestimmtes zu suchen.

In den Greifsack lassen sich Dinge einfüllen, die ein **gemeinsames Merkmal** aufweisen oder die sich in **einem Merkmal unterscheiden.**

Gemeinsames Merkmal: **Kugelrund.**
Holzperle, Pingpongball, Murmel, Pompon (Troddel, Quaste), Korkkugel, Stein (!), Vollgummiball, Papierbällchen, Styroporkugel ...

Diese Dinge unterscheiden sich in der **Oberflächenbeschaffenheit**, der **Grösse,** in der **Festigkeit,** im **Gewicht,** in der **Temperatur.**

Unterschiede in bezug auf EIN Merkmal

Form

Teile aus einem Holzbaukasten, mit dem man ein Dorf bauen kann: mit Kirche und Kirchturm, Schulhaus, Einfamilienhaus, Tor, Brunnen und Brunnenstock, Tanne, Linde, Schäfchen usw.

Voraussetzung ist, dass die Kinder zuvor mit diesem Baukasten gespielt haben. Eines Tages sind die verschiedenen Teile im Greifsack: «Findest du das Tor? Suche das Schulhaus, hast du auch noch das Dach dazu?»

oder Spielzeugautos
oder Arche Noah: aus Sperrholz ausgesägte Tierpaare
oder Wassertiere, im Sand, am Strand gefunden:
Muscheln, Schneckenhäuser, Seepferdchen, Seesterne ...

Form und Oberfläche

Steine: flache, glatte, kantige, poröse

Länge

Bauklötze mit gleicher Grundfläche, die sich nur in der Länge unterscheiden (z.B. Cuisenaire-Stäbchen)

Weite

Kartonröhren von gleicher Länge, aber unterschiedlicher Lichtweite. Es ist ratsam, die Paare mit gleichem Papier zu überziehen, da sich sonst die Kinder an der unterschiedlichen Oberfläche orientieren.

Struktur (Oberflächenbeschaffenheit): Stoff/Papier

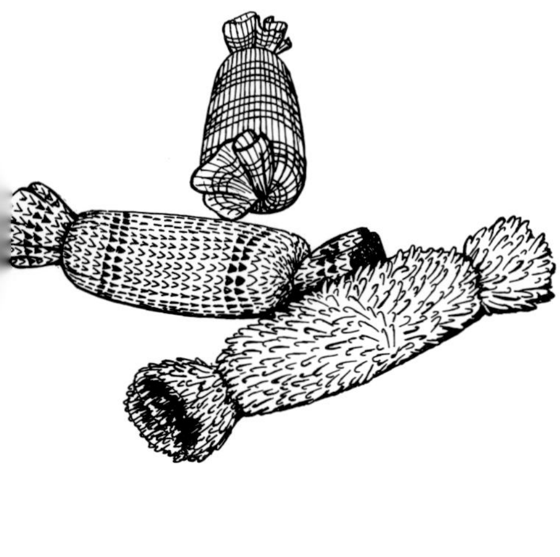

Stoff

Quadrate nähen von 5–6 cm Seitenlänge und eine Vlieseline- oder Schaumstoffschicht dazwischenlegen, damit das Weiche des Stoffes erhalten bleibt und doch eine gewisse Festigkeit gegeben ist.

oder Den Stoff um ein Schaumgummiröllchen wickeln und unten und oben abbinden, so dass die Rolle in der Hand liegt, mit Zeigefinger und Daumen aber gleichzeitig der Stoff dazwischen bewegt werden kann. (Manchester, Tüll, Samt, Frotté, Seide, Baumwolle ...)

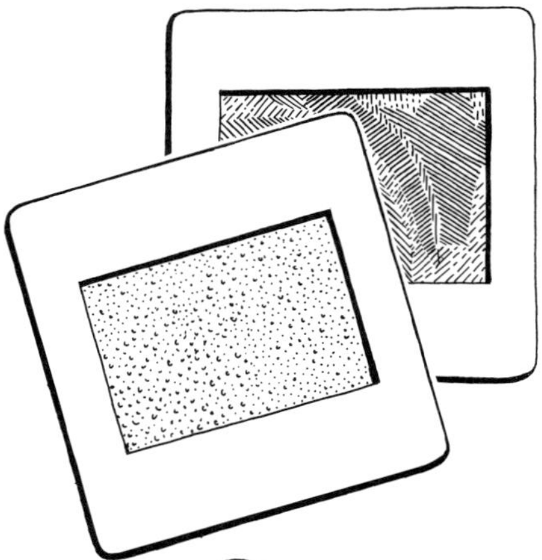

Papier

Verschiedene Papiersorten in **Diarähmchen** einspannen, Sandpapier, Butterpapier, Filterpapier, Packpapier, Papierservietten, Ansichtskarten, Tapete . . . (schwierig!)

Gewicht

Zündholzschachteln mit Papier überziehen, die Kinder wissen sonst beim wiederholten Spielen anhand der Bilder, welche Inhalte zusammenpassen!

Vereinfachen

Zwei Farben benutzen, immer ein grünes und ein rotes Schächtelchen haben den gleichen Inhalt. Da alle Leute diese Schachteln vorerst **schütteln,** habe ich sie **plan** ausgefüllt, so dass über das Gehör keine Hilfestellung möglich ist!

Ausfüllen mit: Gips, Schubimehl, Wachs, Watte, Wachs mit Bleikügelchen verschmolzen, Lehm, Sand mit Kleister verbunden . . .

Zur Überprüfung muss das Kind entweder die Schachteln öffnen können, oder es muss eine Waage zur Verfügung haben.

GROSS – klein

Jeder grosse Gegenstand hat in der anderen Hälfte den entsprechenden kleinen: Glocke/Glöckchen, Klammer/Klämmerchen, Knopf/Knöpfchen, Ausstechform und -förmchen, Kerze/Kerzchen . . . (Wahrnehmungskonstanz).

Das alles sind gleichzeitig Figur-Grund-Übungen, das Kind muss aus vielen Dingen, die den **Grund** bilden, jeweils ein Ding als **Figur** herausfinden. Das Überprüfen geschieht durch die **Augen.**

Sich ergänzen

Es gibt Gegenstände, die für sich allein nichts Sinnvolles abgeben, die eines zweiten Teils bedürfen, um **ganz** zu sein: Flasche mit Drehverschluss, Flasche mit Stöpsel, Flasche mit Tropfausguss und Zapfen, Schachteln aus verschiedenem Material (Blech, Karton) und verschiedenen Deckeln (zum Schrauben, zum Draufsetzen, zum Drüberstülpen . . .) Hülsen (des Fiebermessers), Tablettenröhrchen.

Beim Zusammenstellen achte ich auf Unterschiede der **Form,** der **Grösse,** des **Materials,** der **Mechanik** (beim Schliessen). Das Spiel setzt voraus, dass Kinder schon mit solchen Gegenständen hantiert haben, damit sich ihre Hände erinnern.

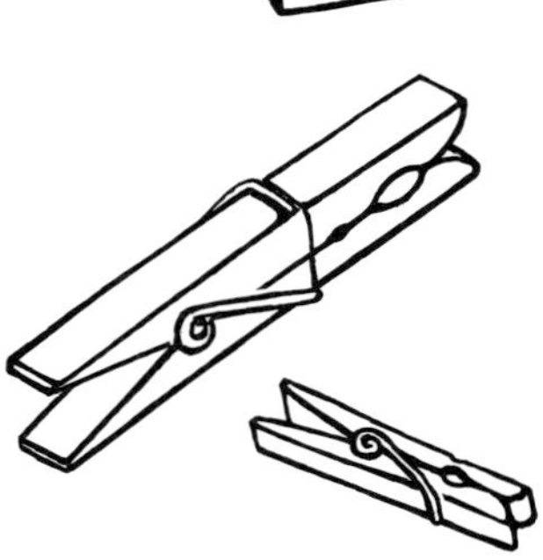

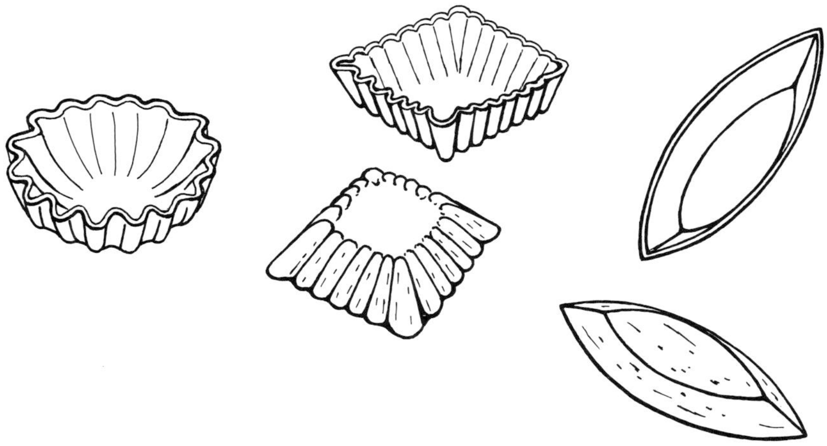

Form und Inhalt

Pralinéförmchen oder kleine Ausstechformen ausgiessen mit Granulat.

Die Kinder spielen vorerst **sehend** damit, legen den entsprechenden Inhalt in die passende Form. Für Kinder mit Schwierigkeiten in diesem Bereich grosse Formen auswählen mit deutlichen Unterschieden, die ein Erkennen vom Taktil-kinästhetischen her ermöglichen (runde, ovale, dreieckige, Rhomben, Schiffli). Je kleiner und ähnlicher die Formen sind, desto genauer muss ich das Besondere erfassen können.

Knopfdomino

Auf Pressspankarten von 5 × 8 cm je zwei Knöpfe aufnähen, die zum taktilen Erfassen unterschiedlich sind: flach und erhoben, rund und eckig, glatt und strukturiert, «kalt und warm» (Metall/Stoff) . . .

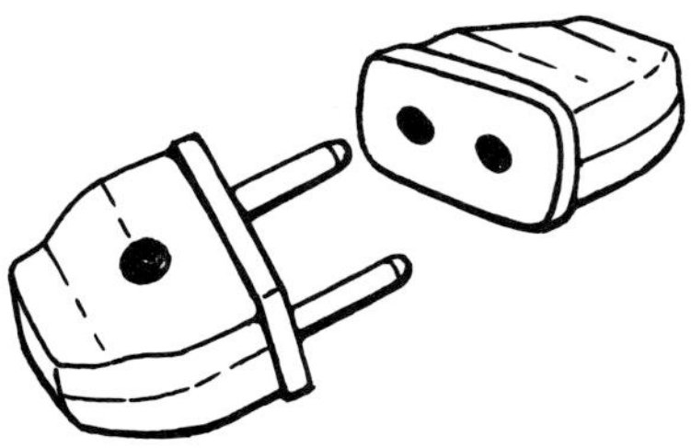

Auch dieses Spiel wird vorerst **sehend** gespielt. Die Kinder stellen das Spiel vielleicht füreinander her: Lochen mit dem feinsten Stift der Lederlochzange gibt schönere Öffnungen als mit Durchstechen. Die meisten Knöpfe lassen sich mit einer stumpfen Wollnadel mit Sternfaden (Zwirn) annähen. Die geschickteren Kinder versuchen, die Hälschenknöpfe anzunähen. Mit der Zeit wird das Spiel **taktil** gespielt: Die Kinder sitzen um einen grossen Tisch oder in einem Kreis am Boden und halten die Hände auf dem Rücken. Ich lege jedem eine Karte in die Hände. Wer den Samtknopf spürt (oder den Herzknopf oder . . .), gibt diese Karte in die Mitte, wer kann anfügen? **Erschwert** wird das Spiel, wenn die vorhandenen Karten zum Spielbeginn **alle** verteilt werden, so dass jeder Spieler zwei oder noch mehr Karten erhält. (Mein Spiel besteht aus 16 Teilen.) Vor allem Erstklässler sind versessen darauf und möchten am liebsten eine ganze Stunde lang nur damit spielen . . .

Knöpfe erhält man von Grossmüttern, im Brockenhaus und gelegentlich in Mercerieabteilungen beim Schlussverkauf.

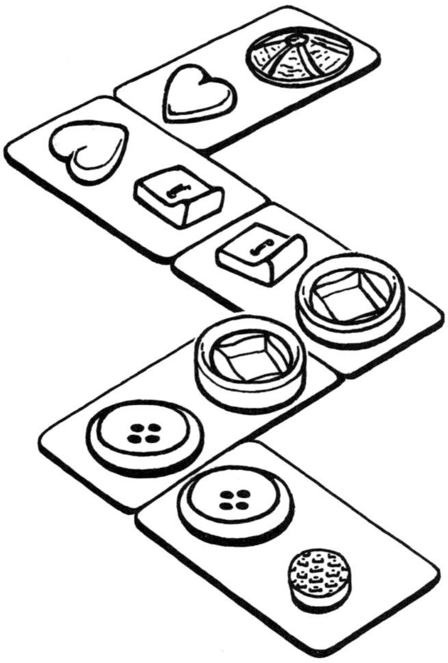

Fingerspitzengefühl haben

Mit den Fingerkuppen spüren wir die feinsten Unterschiede.

Hand-Säckchen – ein Zwillingsspiel

Aus dem gleichen Stoff – damit die Augen keinen Anhaltspunkt haben – werden Säckchen genäht (8 × 11 cm) und je zwei mit dem gleichen Inhalt gefüllt:

Haselnüsse (mit Schale)	Kaffeebohnen
Pfirsichsteine	gelbe Erbsen
Aprikosensteine	Linsen
Zwetschgensteine	Roggen (langes Korn)
Kirschensteine	Rollgerste
Eintopfbohnen	Maisgriess

Der Einwand, mit Nahrungsmitteln solle nicht gespielt werden, ist berechtigt. Ich habe nichts anderes gefunden, mit dem ich Formunterschiede und zunehmende Feinheit gleichwertig aufzeigen könnte.

Spielformen

Wir werfen einander die Säckchen zu. Mit der Zeit merken alle, dass sie sich verschieden anfühlen, unterschiedlich tönen. (Das war nicht beabsichtigt, passierte einfach und ergibt nochmals neue Möglichkeiten.)

Sobald die ersten Kinder fragen: «Was ist da drin?» unterbreche ich das Werfen, das meist heftig und lustbetont ist, und stelle die Frage meinerseits.

Das «Wie-fühlt-es-sich-an» ist wichtiger als das «Was-ist-darin»

Wir geben die Säckchen reihum, halten sie in Händen und ertasten den Inhalt. Die Kinder beginnen zu kommentieren: gross – fein – leicht – glatt – kantig – . . .

- Wir legen auf jede Hand ein Säckchen und bewegen sie hin und her. Jeder Inhalt hat ein eigenes Bewegungsmuster, hinterlässt ein besonderes «Chrüselimuster». «Spürt ihr das wohl besser, wenn die Säckchen auf dem Handrücken liegen?» Bei den meisten ist das nicht der Fall.
- Im Laufe des Ausprobierens merken die Kinder, dass jeweils zwei Säckchen den gleichen Inhalt haben. Daraus ergibt sich (für Schüler) ein «Kaufspiel»:

Jemand beschreibt so genau wie möglich, was er spürt:

«In meinem Säckchen sind **grosse** Teile
– sie sind länglich
– die Oberfläche ist ganz glatt und fein
– hat jemand von euch den Zwilling?»

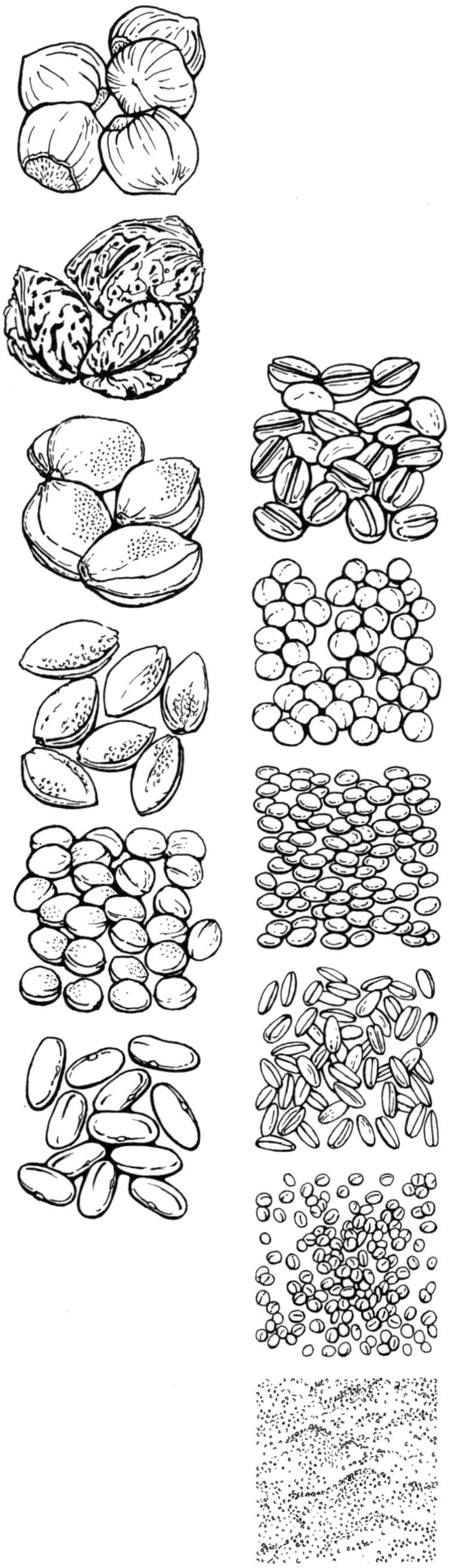

Vielleicht ist die Beschreibung schon eindeutig, vielleicht werden noch mehr Auskünfte erforderlich, z.B. über das Gewicht (die Kirschensteine sind auffällig leicht). Die Teile müssen genau beschrieben, das Besondere an Form, Grösse, Oberfläche, Gewicht erkannt und in Worte gefasst werden. Die Grösse wird oft in Beziehung gesetzt zur Hand:

- «Die Teile sind so gross, dass nur zwei in meiner Hand Platz finden.»
- «Meine Teile tönen so (schüttelt), und wenn ich das Säckchen fallen lasse – hört einmal.»

Während des Spiels sind alle Hände mit Greifen beschäftigt, um zu be-greifen.

Das Spiel hat den Nachteil, dass die Inhalte nicht überprüft werden können, da die Säckchen fest vernäht sind. Klebeverschlüsse würden vor allem zum Öffnen – Schliessen verleiten und von der ursprünglichen Tätigkeit ablenken. Bindet man die Säckchen zu, wird die Bewegungs«freiheit» beeinträchtigt, Reissverschlüsse sind wieder zu kompliziert . . .

***Aber:** In Joghurtgläsern können alle Inhalte mitgebracht werden (vielleicht auch noch andere), so dass eine Zuordnung vom **Spüren** über die **Augen** zustandekommt, das allerdings erst, nachdem wir lange und ausgiebig damit umgegangen sind. Benannt werden die Teile sehr spät. Auffallenderweise neigen Erwachsene eher dazu, sofort die Dinge beim Namen zu nennen mit der Konsequenz, dass es abgehakt werden kann, nicht weiter von Bedeutung und Interesse ist. Dadurch entfallen leider meist auch Entdeckungen oder Äusserungen gefühlsmässiger Art: «Oh, wie fein, das möchte ich noch ein wenig behalten und den Kopf darauf legen, das ist so fein.»*

In Beziehung setzen zueinander

Spiel in zwei Gruppen. Jede Gruppe hat die Hälfte der Säckchen. Sie versucht, diese in eine Reihe mit einer bestimmten Gesetzmässigkeit zu legen: grosse – immer kleinere Unterschiede: das Gröbste – das Feinste, ein weniger Grobes – ein weniger Feines usw.

oder zunehmend feiner resp. gröber **oder** . . .

Die andere Gruppe muss die Gesetzmässigkeit herausfinden. Dieses Spiel ergibt beim Zusammenstellen viele Sprechanlässe: wer nicht einverstanden ist mit der Reihenfolge, muss begründen können, weshalb. Es werden allerdings (fast) immer Meinungsunterschiede bleiben, weil nicht jeder das gleiche Gespür hat wie der andere!

Passiv spüren (Gruppenspiel)

Ein Kind legt sich auf den Rücken und schliesst die Augen. Drei oder vier Kinder sitzen ringsum. Eines legt dem Liegenden, so sachte als möglich, ein Säckchen irgendwo auf den Körper. Das liegende Kind versucht das Säckchen so schnell wie möglich durch Wegwerfen mit dem entsprechenden Körperteil loszuwerden.

Bauchlage

Ein Säckchen wird sorgfältig auf das liegende Kind gelegt und liegengelassen; nach einem Weilchen wird es wieder weggehoben. Das Kind zeigt, **wo** es das Säckchen gespürt hat. Die Stelle kann auch sprachlich bezeichnet werden: auf dem rechten Schulterblatt.

Zwei oder drei oder vier Säckchen werden **nacheinander** auf verschiedene Stellen gelegt und liegengelassen. Sie können **nacheinander** oder **gleichzeitig** weggehoben werden. Am schwierigsten – und daher am spannendsten (für beide Teile) – ist es, mehrere Säckchen **gleichzeitig** aufzulegen und **gleichzeitig** wegzunehmen oder z.B. eines liegen zu lassen.

Auf der nackten Haut ist die Wahrnehmung einfacher, als wenn verschiedene Schichten dazwischenliegen. Abgesehen davon gibt es «blinde» Stellen, die auf eine (gewichtsmässig) so geringe Berührung kaum reagieren. Und es gibt Menschen, die nun einmal eine dickere Haut haben!

Die Tatsache, dass die Inhalte sich im Klang unterscheiden, kann zu anderen Spielen herausfordern:

Sitzkreis

Jeder hält ein Säckchen, wir lassen sie reihum aus Kniehöhe auf den Boden fallen. Wir versuchen, sie unter dem Gesichtspunkt der **Lautstärke** einzuordnen, wobei die Klangfarbe (stumpf – hell/grell) immer wieder mit hineinspielt! Das Spiel erfordert hohe Aufmerksamkeit, und es ist sinnvoll, in Gruppen von acht bis zehn Schülern zu spielen.

Taktile Differenzierung mit den Füssen

Fuss-Parcours im Zimmer

Häufig übergangen, vernachlässigt oder vergessen werden unsere Füsse. Die Fusssohlen, die die Verbindung herstellen zum Boden, der uns trägt, **wären** wichtige Empfänger von Tasteindrücken. Es ist kein Zufall, dass andere Kulturen dieser Überlegung mehr Bedeutung beimessen als wir (vergleiche indianische Hochkulturen).

Hugo Kükelhaus hat immer wieder mit Nachdruck darauf hingewiesen, dass das **Stehen** etwas zu tun hat mit dem **Ver-stehen!**

1
2
3
4
5
6

Fragen wir uns, was Füsse als «interessant» und anregend empfinden, stossen wir auf folgende Unterscheidungen:

1 **Oberflächenbeschaffenheit** oder **Struktur**
2 **Widerstand:** weiche oder harte Unterlage
3 **Flächige** oder **punktuelle** Eindrücke (ein Stück Fell oder kleine Kiesel)
4 **Niveauunterschiede** und **schiefe Ebene**
5 **Temperaturunterschiede**
6 Bewegliche, **nicht statische Unterlagen:** diese erfordern ein ständiges Anpassen des Gleichgewichts.

Beispiele

1 Fell, Gitterrost, Wellkarton, altes Waschbrett, Rhythmiktafel
2 Gleich grosse Kissen (20 × 30 cm), mit gleichem Stoff überzogen, in den einen sind Bretter, in den anderen Schaumgummiteile; eine Kiste, gefüllt mit Chiffontüchern; Kuchenbleche (auf den Rand gestellt)
3 Decke, viele Rhythmikstäbchen in einem Reifen, Brett, zerknülltes Seidenpapier, Kieselsteine
4 Stuhlreihe, Lehnen abwechselnd rechts und links als «Führung», Schwedenbank, auf der einen Seite mit Blöcken unterstellt.
Mit geschlossenen Augen empfindet man diese Unterschiede besonders deutlich, und die Höhenunterschiede werden stark überschätzt, ein Beweis dafür, wie wir uns mit den Augen «festhalten» und z.B. Höhenunterschiede unwillkürlich in Beziehung setzen zur Umgebung. Bei «Blindenübungen» verlassen wir uns ganz auf unser Lageempfinden (taktil-kinästhetische Wahrnehmung).
5 Kuchenbleche, die in der Sonne liegen, erwärmen sich schnell und ergeben einen erstaunlich grossen Temperaturunterschied zu Nachbarblechen, die im Schatten sind. Die Kinder registrieren das erstaunt-belustigt.
- Styroporplatte: Wer ein wenig Geduld hat, beginnt zu spüren, wie die Platte Wärme zurückstrahlt.
- Becken mit lauwarmem Wasser lädt alle zum Verweilen ein und scheint das höchste aller Gefühle zu sein! Kaltes Wasser oder grosse Eisbrocken führen zu entsprechenden Äusserungen.

6 Eine verschlossene Gummi-Bettflasche bleibt durch die eingeschlossene Luft immer beweglich.
- Unter ein Brett wird ein Rundholz oder ein Holzscheit gelegt, so dass eine Wippe entsteht, die unterschiedlich begangen werden kann und auch mehreren Kindern Platz bietet.
- In einen Holzrahmen oder in ein Serviertablett werden Schlaghölzchen gelegt. Sobald sich jemand draufstellt, beginnen sie zu rollen.

Fussparcours im Zimmer

FISCHLIN
150
Confitures-Portions
ARTH

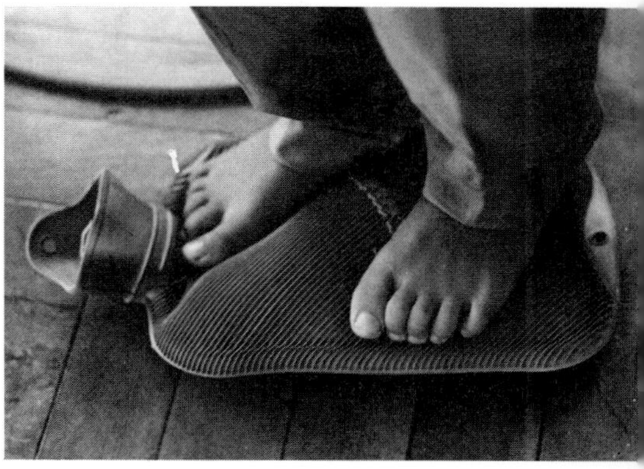

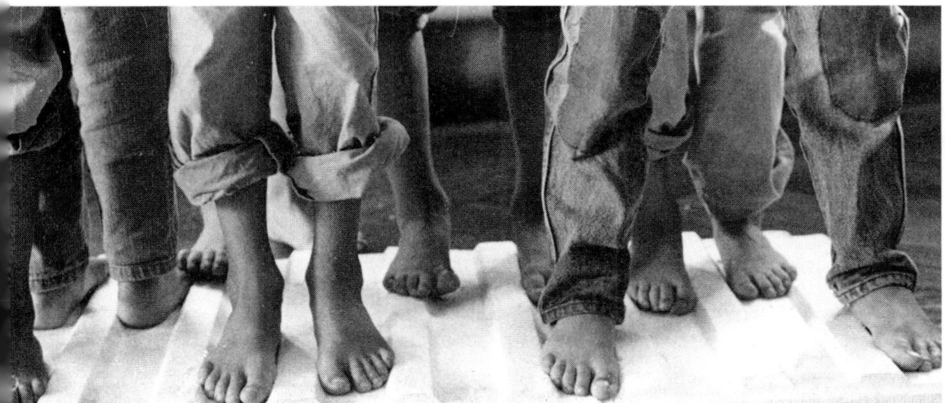

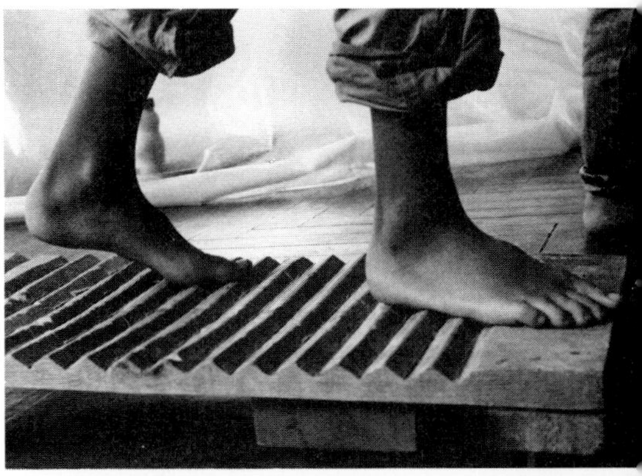

– In einer grossen Kartonschachtel liegen Tennisbälle. Auch beim blossen Stehen muss dauernd ausbalanciert werden, um nicht hinzufallen.

Spielverlauf

– Der Parcours kann mit den Kindern aufgebaut werden oder schon vorbereitet sein.
– Zu Beginn geht jedes für sich allein und probiert die verschiedenen Stationen aus. Je nach Alter können anschliessend je zwei Kinder ein drittes, das die Augen geschlossen hält, über einen ausgewählten Teil des Erfahrungsfeldes führen.
– Das geführte Kind kann sprachlich angeleitet werden, oder die Führenden versuchen, alle Mitteilungen taktil weiterzugeben.

Fuss-Parcours im Freien (in zwei Gruppen)

Jede Gruppe stellt für die andere in der Umgebung des Schulhauses oder (während der Schulverlegung) in einem zuvor eingegrenzten Gebiet einen **interessanten Weg** für die Füsse zusammen. Anders als bei der Zimmervariante soll im Freien auch auf Anfang und Ende geachtet werden. Der Weg wird in Paaren abgeschritten.

Es ist erstaunlich, wie viele ungewohnte, noch nie beachtete Erfahrungen auf einen warten, selbst in scheinbar vertrauter Umgebung. Das Spiel wäre somit eine Möglichkeit, Bekanntes auf neue Weise erweitert zu erfahren.

Im Freien kommen andere Sinneserfahrungen dazu, die im geschlossenen Raum zum Teil wegfallen:

– Licht und Schatten werden viel intensiver empfunden.
– feuchte, nasse, trockene, kühle Unterlage
– Geräusche werden vermehrt wahrgenommen.
– Gerüche fallen einem auf.

Deshalb stellt sich die Frage, ob es nicht sinnvoller wäre, die Aufgabe dahin zu erweitern, einen interessanten Weg für die Füsse
und für die Hände
und für die Nase
und für die Augen
und für das Gehör
zusammenzustellen.

Folgerung

*Es wäre wünschenswert, dass in Wohnungen, Kindergarten- und Schulräumen der Bodenbeschaffenheit vermehrt Aufmerksamkeit geschenkt würde und dass nicht das einzige Kriterium die problemlose und schnelle Reinigung wäre. Solche unterschiedlichen Untergründe, die **langweilig** oder **anregend** für die Darübergehenden sind, dürften auch nicht erst für therapeutische*

Zwecke als Fuss-Erfahrungsfelder in Geriatrieabteilungen von Krankenhäusern geschaffen werden. Ihre Wirkung auf das Befinden haben sie schon für ganz kleine Kinder!

Füsse *und* Hände spüren das gleiche

Auf dem Boden verteilt liegen einige **Teppichreste** (ca. 30 × 40 cm) mit sehr verschiedenen Oberflächen:
hochfloriger Teppich
in sich strukturierter Teppich
künstlicher Rasen
Strohmatte
Sisal

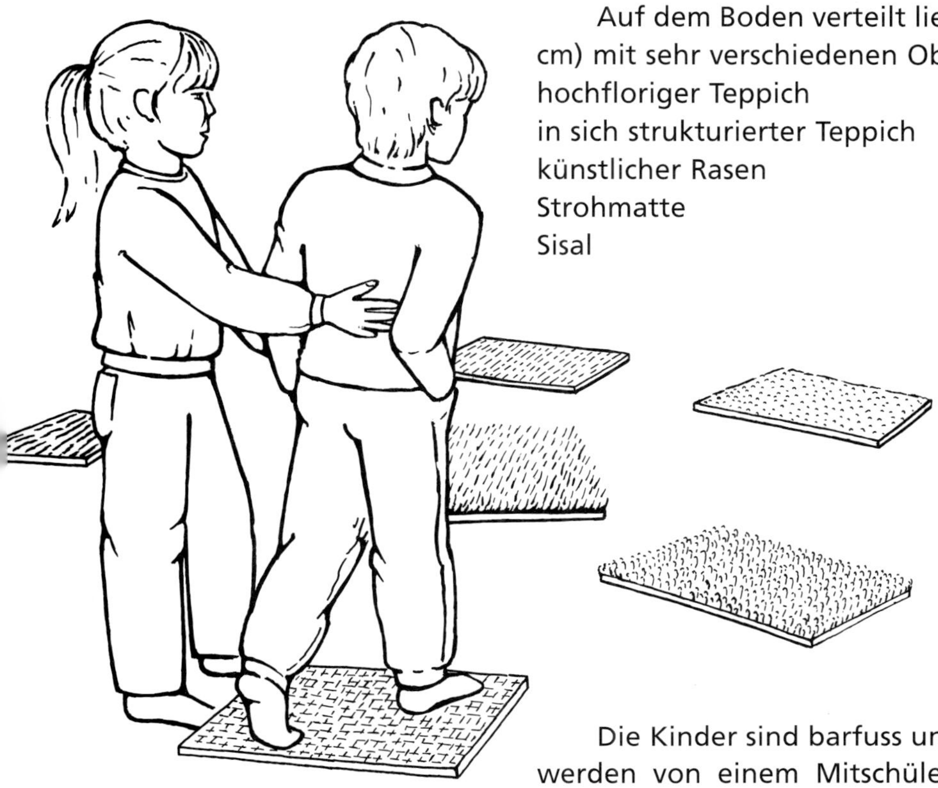

Die Kinder sind barfuss und halten die Augen geschlossen. Sie werden von einem Mitschüler über alle Teppichstücke geführt. Wenn sie alle Teile einmal gespürt haben, bekommen sie ein kleines Stück Teppich in die Hand mit der Aufforderung, das gleiche mit den **Füssen** zu suchen. Auf diese Weise bleibt es ein taktil-kinästhetisches Spiel. Es kann dahingehend vereinfacht werden, dass jeder **sehend** die Teppiche ausprobiert und dann in die Hände, die er auf dem Rücken hält, ein kleines Stück erhält und nun das dazugehörende Fussstück sucht. Erfahrungsgemäss sind die Augen massgeblich am Verlauf beteiligt. Sobald die Hände eine Struktur wahrnehmen, suchen die Augen die entsprechende Oberfläche und «wissen» meist vor den Füssen, ob die beiden Stücke zusammenpassen.

Mich interessierte, ob der Austausch zwischen Füssen und Händen und umgekehrt spielt, wenn ich mir auch dessen bewusst bin, dass die Hände viel feinere Unterschiede aufnehmen können.

Weiterführen

Ein Kind wendet sich ab. Die Gruppe stellt mit den vorhandenen Teppichunterlagen eine aus drei, vier oder noch mehr Teilen bestehende, gerade Strasse zusammen, deren Unterschiede so auffällig sind, dass sie vom blind darübergehenden Kind sofort

erkannt werden können. Am Ende der Strasse kniet sich das Kind hin und öffnet die Augen. Vor ihm liegen alle kleinen Teppichstücke, aus denen es die gespürte Strasse nachlegen soll. Durch einen Blick zurück vergleicht es die beiden Reihen.

Kinder legen die Ministrasse meist nicht von unten nach oben, sondern übernehmen die in unserer Kultur übliche «Leseart»: von links nach rechts.

Vereinfacht wird die Übung für Vorschul- oder HPS-Kinder dadurch, dass am Ende nur die drei oder vier Stücke liegen, die das Kind auch mit den Füssen gespürt hat. Es geht jetzt nur noch um die Herstellung der Reihenfolge

Sinn(es)-erfahrung

Über Hören und Horchen

WO tönt etwas? Richtungshören

Beispiele

Stuhlkreis, jedes Kind hat einen Tennisball oder ein Paar Schlaghölzer. Eines der Kinder stellt sich in die Mitte des Kreises und schliesst die Augen. Der Spielleiter zeigt auf ein Kind, dieses lässt seinen Ball 1× fallen oder schlägt seine Hölzer 1× zusammen. Das horchende Kind in der Mitte zeigt sofort in die Richtung, aus der es den Klang vernommen hat. Die Klänge/Geräusche folgen sich in regelmässigen oder unregelmässigen Abständen.

Beobachtung

*Es kommt immer wieder vor, dass Klänge, die **hinter** jemandem ertönen, von diesem um 180° verschoben, also **vor** ihm, wahrgenommen werden. Für die zuschauenden Kinder ist das unerklärlich und unglaublich. Ihre Reaktionen reichen von Gelächter bis zu Ausrufen: «Falsch!». Das hilft jedoch dem hörenden Kind nicht, im Gegenteil: normalerweise versucht ein Kind, eine Aufgabe so zu lösen, wie sie ihm richtig scheint, d.h. in diesem Fall, es zeigt dorthin, wo es den Klang wahrgenommen hat. Wird dieses Bemühen mit «falsch» bewertet, wird das Kind verunsichert; bestimmt lernt es dadurch nicht differenzierter zu hören. Diese Zusammenhänge können Schülern durchaus einsichtig erklärt werden: «Jeder Mensch hat andere Ohren, vergleicht doch einmal.» Darauf reagieren sie wiederum ungläubig und misstrauisch, schälen dann aber* *ihre Ohrmuscheln aus den Haaren heraus und beschreiben viele Unterschiede. Wenn die Schallempfänger so verschieden sind, lässt sich unschwer vorstellen, dass auch die weiterführende Leitung, für uns nicht mehr sichtbar, von Mensch zu Mensch verschieden ist. Eine wirkliche Hilfe besteht keinesfalls im Korrigieren, sondern vielmehr im Anbieten von Übungsmöglichkeiten.*

Weiterführen in eine **seriale** Übung:
Das horchende Kind reagiert nicht auf jeden Klang, sondern nimmt eine **Folge** von drei (vier . . .) Klängen auf. Unter Umständen wird die Folge gleich ein zweites Mal gespielt. Das Kind öffnet dann die Augen und zeigt auf die Schüler, die den Klang erzeugt haben. Stimmt sein Eindruck nicht überein mit dem Gebotenen, wird zuerst **seine** Ausführung aufgenommen und gespielt und anschliessend die ursprüngliche, so dass es selber Stellung nehmen kann, welche Folge zutrifft.

Das ist zwar ein mühsamer Weg, ein langwieriger – Kommentieren mit «richtig» und «falsch» geht viel schneller – aber es ist der einzige, der wirklich erfolgreich ist. Ausserdem fördert er bei den Kindern das Verständnis für «anderes» (hören, spüren, sehen, denken . . .)

Die Gruppe sitzt in der Mitte des Raumes am Boden. Ein Kind erzeugt irgendwo im Raum ein Geräusch: an die Fensterscheibe klopfen, die Türe öffnen und schliessen, die Vorhänge bewegen, über die Wandtafel streichen, den Wasserhahn auf- und zudrehen, mit dem Kreidebehälter rütteln, mit dem Zeigefinger über die Heizkörper ratschen, usw.

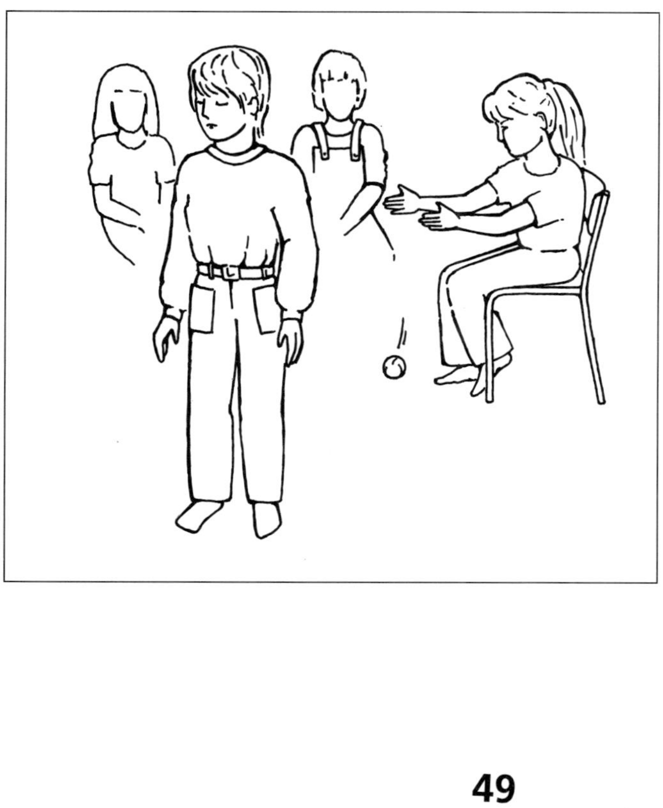

Die horchenden Kinder versuchen herauszufinden, **wo** es das Geräusch **wie** gemacht hat, indem sie es nachmachen und dann selber beurteilen, ob diese Lösung die zutreffende ist. Die Schwierigkeit besteht darin, dass der erste Eindruck sich verflüchtigt und verfälscht, je mehr neue dazukommen. Deshalb unterbricht man das Suchen und lässt den ersten Schüler sein Geräusch wiederholen.

Erweitern zu einer Folge

Wie bei der zuerst beschriebenen Übung wird auch bei dieser Raumübung eine Geräusch**folge** von zwei, drei oder noch mehr Klängen erzeugt. Sie kann von einem oder von mehreren Spielern gemacht werden.

Vorgängig müssten alle Schüler das Zimmer untersuchen können in bezug auf seine Klangmöglichkeiten: **Produzieren kommt vor dem Reproduzieren!** Wenn jeder selber Erfahrungen sammeln konnte, fällt ihm anschliessend auch das Orten leichter.

Eine weitere Übung zum Richtungshören ist im Kapitel «Netz» beschrieben.

Die bisher aufgezeigten Beispiele beziehen sich auf Richtungen in der Waagrechten. In die Vertikale umgesetzt, bedeutet es z.B. zu hören, aus welcher Höhe ein Gegenstand fällt.

Ein Gymnastikball wird aus den hochgestreckten Armen, aus Schulterhöhe und aus Knöchelhöhe fallen gelassen. Lasse ich ihn austanzen, vereinfacht sich die Aufgabe, weil ich mich ausser an der Heftigkeit des Aufschlags, der hör- **und** spürbar ist, auch an der Dauer des Nachspringens orientieren kann. Bei dieser Form geht es um ein **Verhältnishören,** d.h. der Ball muss mindestens zweimal fallen, damit ich beurteilen kann, ob der Aufprall gleich getönt hat oder zuerst länger, dann ganz kurz usw. Damit alle Schüler die Möglichkeit haben, sich zu äussern, können sie die Folge aufschreiben: h(och) m(ittel) t(ief) oder aufzeichnen. (Hilfestellung: «Stellt euch vor, der Ball **leuchtet,** zeichnet die Spur auf, die er hinterlässt.»)

Einen Klang verfolgen

Die Schüler sitzen verteilt im Raum, ein Schüler bewegt sich zwischen den Sitzenden durch und macht selber ein Geräusch / einen Klang: singen, pfeifen, Hände reiben, schnipsen, schnalzen . . . oder mittels eines Klangkörpers: Rasselbüchse schütteln, Murmel im «Naglophon» herumrollen lassen, mit einer Glocke bimmeln (Achtung: hohe Töne lassen schneller ermüden!). Die Horchenden haben die Augen geschlossen und zeigen mit ihren Händen ständig, wo sich der Klang befindet.

Einem Klang folgen

Diese Übung ist bei den auditiven Figur-Grund-Beispielen beschrieben.

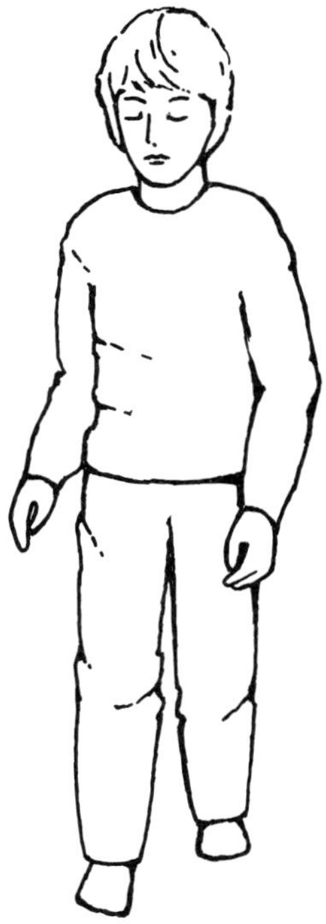

Auf einen Klang zugehen

Die Kinder sitzen verteilt auf Stühlen im Raum, jedes hat ein Stück Seidenpapier. Eines steht auf und schliesst die Augen. Eines der Gruppe beginnt, sein Seidenpapier zu zerknüllen. Das horchende Kind versucht die Richtung zu orten und geht auf die Klangquelle zu. Es ist angekommen, wenn es hört, dass das Papier in den Händen eingeschlossen ist. Das bedeutet, dass das aktive Kind seine Bewegung des Zerknüllens dem Tempo des Gehenden anpassen muss. Daraus ergibt sich ein Ablösespiel.

Schwierigkeit: *Die Gruppe muss ohne Sprache übereinkommen, wer als nächstes spielt. Der Spieler muss voraussehen können, ob das gehende Kind, das nichts sehen kann, auf einer* ***direkten Linie*** *sein Ziel erreichen kann, ohne irgendwo anzustossen. Bei allen «Blindenübungen» müssen die «Sehenden» sich dessen bewusst sein, dass* ***sie*** *für ihren Mitschüler die Veranwortung tragen.*

«Direkte Verbindungslinien erkennen können» ist eine Voraussetzung und muss zuvor als selbständiges Spiel gespielt werden.

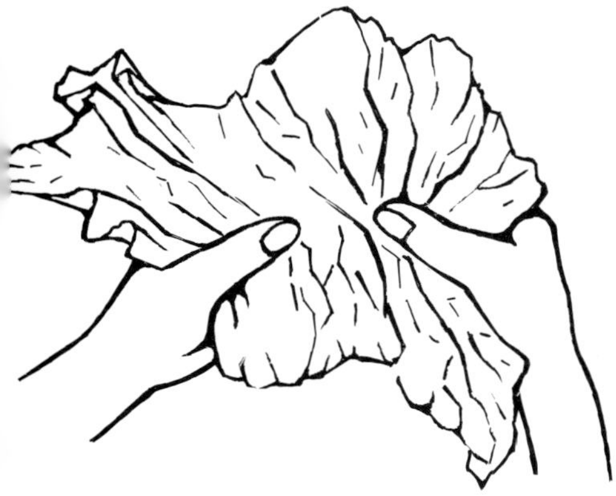

Variante

Sieben oder acht Kinder sitzen auf Stühlen verteilt im Raum, jedes hält ein Kuchenblech (aus Schwarzblech, verschiedene Durchmesser) mit einer Korkkugel. Ein Kind ist auf allen vieren und wartet, bis es irgendwo eine Kugel im Blech rollen hört; es kriecht auf diesen Ort zu.

Diese Körperhaltung gibt durch die grössere Berührungsfläche mit dem Boden mehr Sicherheit; die Klangquelle befindet sich zudem in etwa gleicher Höhe wie die Ohren des Suchenden. Da der Klang der rollenden Korkkugel nicht sehr laut ist, kommt der besonderen Haltung des Kindes Bedeutung zu.

Mit zunehmendem Vertrautwerden mit dem Klang der rollenden Kugel wächst auch die Sicherheit, so dass das Spiel ausgeweitet werden kann: Das Kind kriecht nicht nur auf **eine** Klangquelle zu, sondern wird einen Weg geführt: bevor es irgendwo ankommt, wird der Ton unterbrochen, und von einer anderen Seite ertönt ein neuer. Ist die Gruppe fähig, selber einen Schluss zu setzen? Spürt sie, ein wie langer Weg dem Hörenden zugemutet werden kann?

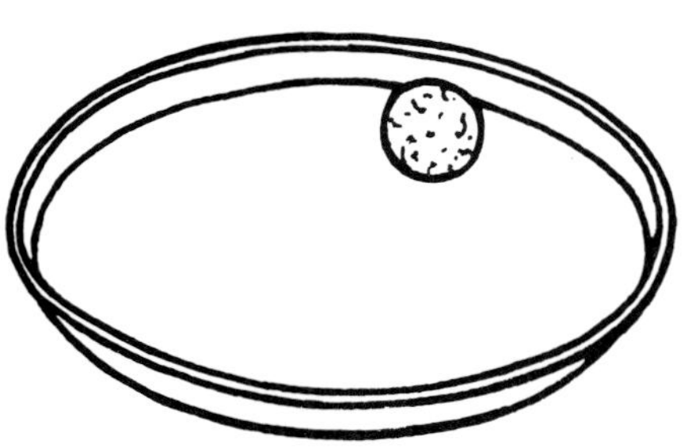

Was tönt?

Vertraute Geräusche/Klänge wiedererkennen:
Mit dem Schlüsselbund klirren, Papier zerreissen, Wasser ausgiessen, Buchseiten umblättern, ein Zündholz anzünden usw.

Differenzieren durch Eingrenzen

Verschiedene Bälle: Tennisball, Pingpongball, Vollgummibällchen, Gymnastikball auf den Boden fallen lassen. Vorerst einzeln zuordnen, um anschliessend drei- und mehrteilige Folgen erkennen zu können.

Umgekehrt

Einen Tennis- oder Pingpongball auf unterschiedliche Untergründe fallen lassen: auf den Tisch, auf eine Tafel, auf eine Glasscheibe, auf ein Heft, auf ein Buch (selber nach geeigneten «Tonträgern» Ausschau halten). Geräuschfolgen zusammenstellen.

Rollende Gegenstände an ihrem Geräusch erkennen

In Vierergruppen spielen. Eine kleine Tafel wird mit der schmalen Seite an einen längskant stehenden Block gelehnt, so dass eine schiefe Ebene entsteht. Jede Gruppe sucht sich Gegenstände, die über die Tafel hinunterrollen können: Schlaghölzer, Rasselbüchsen, japanische Papierbälle, Papierbällchen, Kork- und Holzkugel, Gymnastikball, Tennisball . . . Ein Kind legt die Gegenstände oben hin und lässt sie los, ein anderes hält sie fest, nachdem sie auch noch über ein Stück Boden gerollt sind, die beiden anderen Kinder sitzen (oder liegen) links und rechts der Tafel und schauen/horchen zu.

Loslassen ist (für kleine Kinder) schwierig; sie befördern den Gegenstand immer mit einem Stoss auf den Weg. Die Bewegung auf das Öffnen der Finger zu reduzieren, fällt ihnen schwer. Eine ***gegen einen Widerstand*** *geführte Bewegung ist spürbar und daher einfacher. Dieser Widerstand fällt hier weg.*

Die Rollen werden immer getauscht, und nach einer Weile werden die Augen geschlossen. Wer erkennt jetzt den rollenden Gegenstand?

Eine Drittklässler-Gruppe brachte einmal nach kurzer Zeit den Tennisball und das Papierbällchen zurück mit der Bemerkung: «Das ist nichts, die hört man nicht». «Schade», sagte ich, «warum hört ihr die nicht?» «Die sind viel zu leise», erklärten sie mir. «Aha, und ***leise*** *hört ihr nicht?» fragte ich weiter. Da wurden sie unsicher, fühlten sich auch etwas in ihrer Ehre verletzt und wollten noch einmal ausprobieren. Nach einiger Zeit riefen sie mich zu sich. Jetzt hatten sie die lauten, aufdringlichen Geräusche aussortiert und waren auf feine Unterschiede bei den leisen Gegenständen gestossen: «Den Gymnastikball hört man nur grad, wenn er über die Kante rollt, und den Tennisball erkennt man an den Rillen, das tönt ganz komisch. Und das Papierbällchen macht recht laut: weil es nicht ganz rund ist, ‹holpert› das so herunter.» Sie überboten sich im Beschreiben des Wahrgenommenen. Mit ihrem Eifer hatten sie inzwischen auch die Mitschüler angesteckt.*

Für Drei- und Vierjährige und/oder geistig Behinderte ist es ein grosser Erfolg, wenn sie die Rasselbüchse vom Schlagholz und vom Pingpongbällchen unterscheiden können.

Geräusche/Klänge wiedererkennen

ist auch an den **Ort** gebunden, an dem sie natürlicherweise wahrgenommen werden können. Mit anderen Worten, wenn ich Klänge aus ihrer Umwelt herauslöse (mittels Tonträger) und dadurch neutralisiere, indem ich sie im Schulzimmer abspiele, sind sie oft nicht eindeutig zuzuordnen.

Beispiel für Vorschulkinder

«Das Bauhaus Suahuab» besteht aus neun quadratischen Halbkartontafeln, aus denen ein Haus zusammengesetzt werden kann. Auf der einen Seite ist die Fassade, dreht man die Tafeln um, kann man die einzelnen Räume im Innern des Hauses sehen. «Mit dem Tonband war ich in diesem Haus unterwegs. In einem Raum habe ich Geräusche aufgenommen. Findet ihr heraus, wo das war?» Auf der Aufnahme sind zu hören: Schwingbesen, das Pfeifen des Wasserkessels, Schneiden auf einem Holzbrett, Raffeln auf der Bircherraffel. Durch die Vorgabe der Bilder werden die Eindrücke manipuliert, in eine bestimmte Richtung gewiesen. In diesem Fall bedeutet es eine Hilfestellung.

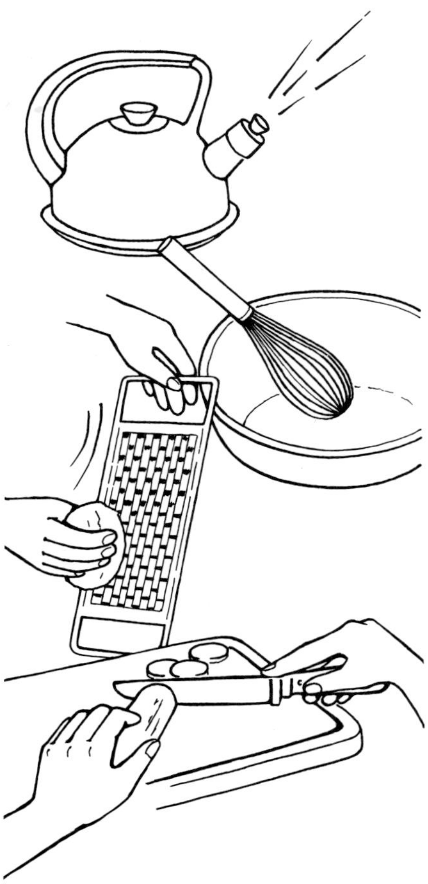

Eine andere Folge: Elektrische Kaffeemühle, Umfüllen des Kaffeepulvers in den Filter, Wasserkocher, Wasser eingiessen in den Filter, Durchlaufen in die leere Kanne.

Angeregt durch dieses Beispiel brachten in der nächsten Stunde zwei Brüder (sechs- und siebenjährig) ihr Tonband und eine von ihnen aufgenommene Kassette mit: elektrische Eisenbahn; Nähmaschine, die näht und spult; Waschmaschine, die wäscht und ausschwingt: elektrischer Rasierapparat... Während des Aufnehmens war ihnen eingefallen, dass ihr Vater eine Druckerei hat und dass da auch Maschinen sind. Nach dem Kindergarten packte ihnen die Mutter das Tonband in den Rucksack, und sie gingen in Vaters Druckerei. Im vollen Bewusstsein ihrer Überlegenheit weihten sie uns ein: «Das ist die grosse Offset...»

*Das Beispiel machte mir bewusst, dass für Kinder heute, die mit diesen Geräten aufwachsen und mit der Bedienung bestens vertraut sind, das **Aufnehmen** mit dem **Tonband** auch das **Aufnehmen** mit dem **Ohr** schult. Da das Tonband verfremdet, wird das Ohr zum genauen Hinhören gezwungen.*

Beispiel für Unterstufen- und ältere Schüler

Eine **Wassergeräuschfolge:** Platzregen; Wasser, das aus der Dachrinne in ein Regenfass fällt; Bergbach; Wasserfall (Assoziation:

Applaus, Schnellzug); Wellen, die ans Ufer klatschen; angetäute Boote, die vom Wasser gegeneinander geschlagen werden (Assoziation: Karren, der über einen Feldweg holpert).

Aufschlussreich ist auch das Anhören einer Folge von **Kennmelodien** aus Radio und Fernsehen. Da bekommen plötzlich eher stille Kinder leuchtende Augen und können jedes akustische Signet schlafwandlerisch zuordnen. «Der Alte» und «Derrick» und «Der Fahnder» und «Ein Fall für Zwei»: kein Problem; die Eltern beteuern zwar, die Kinder würden nur «Karussell» und «DRS Aktuell» ansehen, dann sei Schluss!

Wie tönt etwas?

Geräusche/Klänge erfinden mit körpereigenen Instrumenten

a) Mit den Händen

Stuhlkreis: Jedes Kind probiert zuerst für sich Möglichkeiten aus, dann wandern die Beispiele reihum: Eines zeigt ein Beispiel vor, die Gruppe schaut und hört zu; sobald es aufhört mit Spielen, übernehmen die andern die Bewegung:
Reiben – klatschen – schnipsen – Nägel gegen Nägel reiben – Handwurzel gegen Handwurzel schlagen im Wechsel mit Fingerkuppen gegen Fingerkuppen – Daumennagel auf Daumennagel klopfen – Hände ausschütteln – wechselweise Handinnenfläche und -rücken mit der andern Hand heftig abstreichen usw.

Nach dem Sammeln ist es sinnvoll nachzuprüfen, ob die einzelnen Kinder die Geräusche akustisch differenzieren können. Dazu gruppieren sie sich paarweise hintereinander (wie im Postauto). Das hintere erzeugt ein Geräusch, das vordere versucht, nur über das Gehör die Bewegung zuzuordnen. Es ist möglich, dass ein Geräusch nicht nur durch **eine** Bewegung nachgemacht werden kann, ausschlaggebend ist allein die Übereinstimmung im Akustischen! D.h., das vormachende Kind ist vom Gehör her ebenso gefordert zu vergleichen.

b) Mundgeräusche

Stuhlkreis: Beim Erfinden von Mundgeräuschen geht es nicht darum, auf verschiedenen Tonhöhen a oder o zu singen oder Tierlaute nachzuahmen, sondern vielmehr darum, Laute/Geräusche unterschiedlich zu erzeugen, um (wieder) einmal die am Sprechen/Singen/Lautieren beteiligten Teile zu erleben: Lippen, harter und weicher Gaumen, Halszäpfchen, Zähne, Atem, Kehlkopf. Dass dabei auch «Unanständiges» eingebracht wird/werden darf, erhöht höchstens den Spass.

a und/oder b in einen Spielverlauf einbauen:
«De Stuehl näbe mir isch frei». In vielen Kindergärten und Schul-

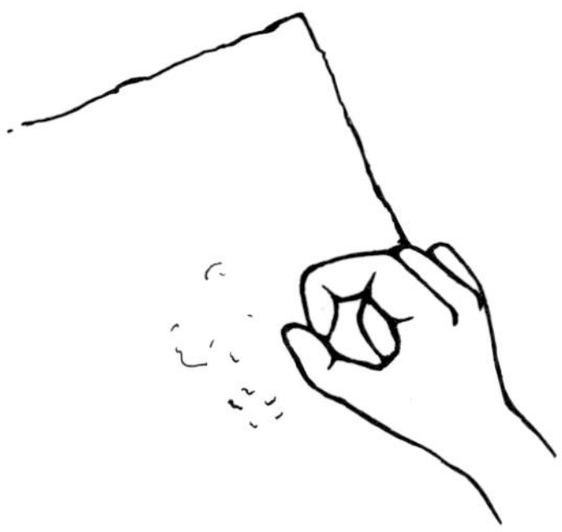

stuben wird dieses Spiel, das ursprünglich ein Namen-, Kontakt- und Reaktionsspiel ist, gespielt.

Die Spieler sitzen in einem Stuhlkreis, ein Stuhl ist überzählig. Das Kind, das den leerstehenden Stuhl neben sich als erstes bemerkt, legt oder schlägt seine Hand auf den Sitz und ruft: «De Stuehl näbe mir isch frei, chum Martin.» Martin wechselt seinen Platz, und dadurch wird **sein** Platz frei.

Neben den vielen bekannten Varianten dieses Spiels kann der Verlauf dahin geändert werden, dass sich jeder Spieler für ein bestimmtes Hand/Mundgeräusch entscheidet. Dieses wird reihum vorgestellt und nachgemacht. Jedes Kind muss sich nun statt des **Namens** das entsprechende **Geräusch** merken.

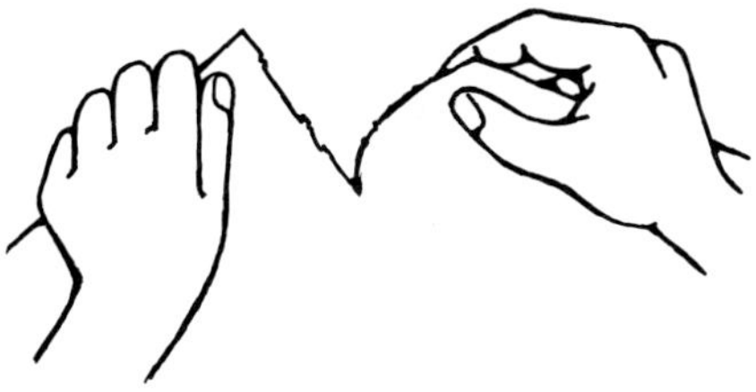

Wer bemerkt, dass er neben einem freien Stuhl sitzt, legt seine Hand auf den Sitz oder schlägt kurz drauf und macht das Geräusch des Kindes, das er sich herbeiwünscht, vor. In der Hitze des Gefechts kann es schon einmal vorkommen, dass man sich an sein eigenes Geräusch nicht mehr erinnert!

Geräusche/Klänge erfinden mit Material

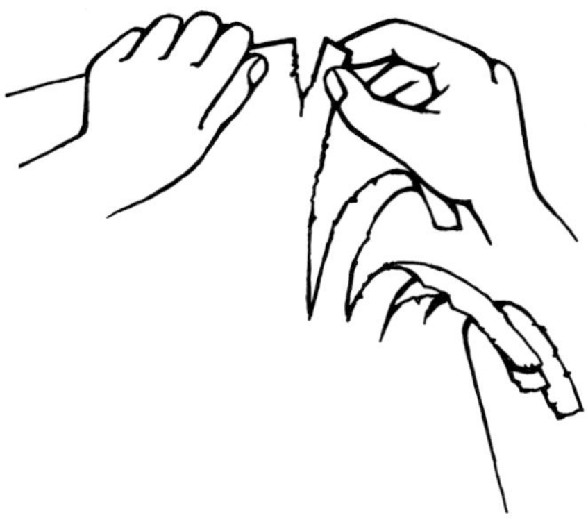

Z.B. Seidenpapier (halbe Bogen). Stuhlkreis. Der Spielverlauf stimmt mit dem oben beschriebenen überein: nach dem Ausprobieren von Klangmöglichkeiten werden diese gegenseitig vorgespielt, und anschliessend wird versucht, sie über das Gehör zu wiederholen. Es entstehen

punktuelle Klänge: spicken mit dem Zeigefinger (tönt wie Teppichklopfen), heftig, laut

lineare Geräusche: Blatt entzweireissen, Fransen einreissen, kontinuierlich reissen

flächige Geräusche: Das Blatt liegt auf den Knien, darüberstreichen, mit der ganzen Hand locker draufschlagen, Ränder zwischen Daumen und Zeigefinger durchziehen

unbestimmte, wenig konturierte Geräusche: rascheln, «chräschle», das Blatt fallen lassen

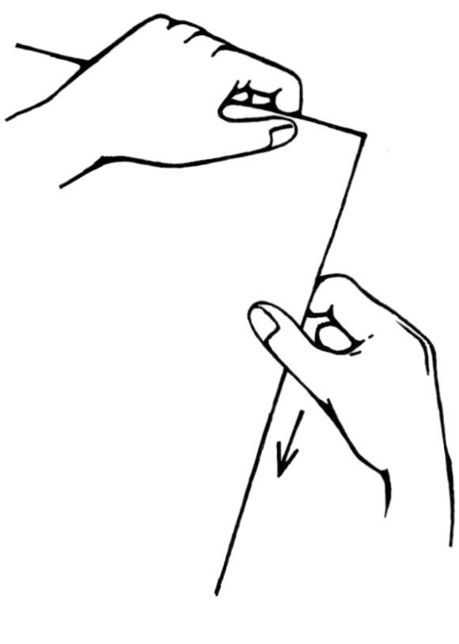

Umsetzen

Die unterschiedlich erzeugten Geräusche können **sichtbar** gemacht, d.h., es können grafische Zeichen gesucht werden, die den Bewegungs- resp. Gehörseindruck wiedergeben. Durch Zusammenbauen/fügen der gefundenen Zeichen entsteht eine Partitur, die in Klangbewegungen rückverwandelt werden kann.

Wieviel tönt?

Wir spielen weiter mit Seidenpapier: Spannend wird es zu erproben, welche Geräusche **gleichzeitig** gespielt und vom Gehör unterschieden werden können.

Gruppen

Die einzelnen Gruppen erfinden kurze Abläufe, in denen jeweils ein, zwei oder mehrere Geräusche gleichzeitig hörbar sind, und spielen sie sich gegenseitig vor. Die Zuhörenden, die die Augen geschlossen halten oder sich von den Spielern abwenden, halten jeweils so viele Finger in die Höhe, wie sie Geräusche unterscheiden.

Mit der Zeit stossen z.B. Mittelstufenschüler auf Hilfestellungen oder Gesetzmässigkeiten, die es ihnen ermöglichen, die Aufgabe besser, d.h. genauer zu lösen: sie lassen ein Geräusch – z.B. Rascheln – als Ostinato durchlaufen und fügen andere bei, die sich nach Lautstärke und/oder Klangfarbe und/oder Tempo voneinander abheben. Damit die Gruppe sich selber überprüfen kann, leistet ein Tonband gute – weil wertneutrale – Dienste.

Wann tönt (etwas)?

Das **Wieviel** bezeichnet die **Anzahl** der Geräusche/Klänge, mit **Wann** wird der **Zeitpunkt** angegeben. D.h. es geht nicht nur darum, alle Geräusche/Klänge aufzulisten, sondern auch darum, die **Reihenfolge** des Ertönens aufzunehmen.

Beispiel

Die Kinder sitzen in einem Kreis am Boden (am eindrücklichsten wird das Spiel auf einem Holzboden, unmöglich ist es auf einem Teppichboden). Runde Gegenstände werden durch den Kreis zugerollt: eine grosse und eine kleine Holzkugel, eine Murmel, ein Pingpongbällchen, eine Korkkugel, evtl. ein Gymnastikball. Kinder kommentieren spontan die unterschiedlichen Geräusche; das eigenartig haftend/klebrige Geräusch des Gymnastikballs wird allerdings erst bei genauem Hinhören wahrgenommen. Dass der grosse Ball leiser tönt als die kleine Murmel, ist eine unerwartete Feststellung. Sind die Kinder etwas vertraut mit den Tönen, welche die einzelnen Gegenstände hervorrufen, versuchen sie, die Töne über das Gehör dem Gegenstand zuzuordnen: Ein Kind wendet sich mit dem Rücken zur Kreismitte und horcht. Ein Gegenstand wird hin- und hergerollt. Sobald das Kind nichts mehr hört, bezeichnet es den vermeintlichen Gegenstand. **Variante** für Vorschulkinder: Das Kind sitzt abgewandt von der Gruppe. Vor sich hat es auf einem Tuch die möglichen Gegenstände liegen. Es hält den jeweiligen Gegenstand in die Höhe. Wenn zwei oder drei Kinder gleichzeitig horchen, haben auf diese Weise zudem alle die Möglichkeit, sich gleichzeitig zu äussern, was bei einer verbalen Auflösung nicht der Fall ist.

Weiterführen

Das Spiel wird nicht unterbrochen, wenn ein Gegenstand ausgerollt ist, die Übergänge sind fliessend und werden nicht (mehr) angekündigt. Wenn sich das Geräusch ändert, halten die Kinder den entsprechenden Gegenstand in die Höhe.

Wann

hast du es gehört? Ein Kind hört sich eine Folge von drei oder mehr Geräuschen an. Es zählt die Gegenstände auf, die es gehört hat: «Zuerst hörte ich den Gymnastikball, dann die grosse Holzkugel, zuletzt das Pingpongbällchen». Oder: es legt die Gegenstände in der entsprechenden Reihenfolge vor sich hin. Oder: es zeichnet die Gegenstände. Oder: es «zeigt» sie mit seinen Händen (Grösse, Härte der Kugel). Vielleicht sind auch Kombinationen möglich – wie beim Seidenpapierspiel –, so dass zum **Wann** auch noch das **Wieviel** dazukommt.

Neben der Schulung des Gehörs im Sinne einer Sensibilisierung und Differenzierung möchten solche Spiele anregen, mit gewöhnlichen, alltäglichen Dingen spielerisch umzugehen, den eigenen Körper als Klang-Körper zu erfahren.Vielleicht gelingt es dadurch, die eigentlich jedem Kind innewohnende Neugierde den Dingen, den Menschen und sich selber gegenüber zu erhalten, zu unterstützen oder wieder zu wecken, damit sie beim Spiel(en) mit Instrumenten, einfachen und komplexeren, weiterwirkt und sich Musikmachen nicht erschöpft im Nachmachen und Übernehmen von bestehenden, überlieferten Mustern.

Sinn(es)-Erfahrung

Über Sehen und Schauen

Spiegel

üben auf Kinder eine grosse Faszination aus, vielleicht, weil sie einerseits zu den alltäglichen Gegenständen gehören, sozusagen zum Inventar, anderseits Kindern nur in bestimmten Situationen zur Verfügung stehen bzw. zur Verfügung gestellt werden.

Spiegel gibt es zwar in jeder Haushaltung, nur sind sie in der Regel in einer Höhe angebracht, die (jüngeren) Kindern keine «Einsicht» ermöglicht, ohne dass sie hochklettern oder sich auf die Zehenspitzen stellen. Befindet sich im Elternschlafzimmer ein Spiegel, der (fast) bis zum Boden reicht, werden Kinder sich häufig davor aufhalten. Taschenspiegel finden sich meist auch nicht in den Taschen von Kindern!

Im Laufe der Zeit haben wir – Kinder und Erwachsene – aus dem Spielen heraus viele Möglichkeiten gefunden und entwickelt, die interessant, anstrengend und lustig sind, neue Erfahrungen vermitteln und gleichzeitig die visuelle Aufmerksamkeitsspanne verlängern helfen.

Spiegel-Spiele
Taschenspiegel

Den Raum auf dem Rücken liegend oder sitzend durch den Spiegel betrachten. Gezielt Dinge suchen. Die Kinder machen Vorschläge: das Klavier, die Türklinke, die beschriftete Wandtafel, den roten Gymnastikball, die Steckdose neben der Türe, zwei Lampen . . .

Einfacher ist es (für Vorschulkinder), wenn die Spiegel **fixiert** sind, z.B. am Boden liegen oder in verschiedenen Höhen und Ebenen festgemacht sind: an der Stuhllehne, an der Decke (!), an der Wand auf Augenhöhe der Kinder, an der Innenseite der Kastentüre usw. Die Kinder suchen sich selber in jedem Spiegel: «Kommt ihr überall vor?» Sie betrachten ihre Hände: die Faust, den Daumen vorschnellen lassen, mit den Fingern zappeln, die Hand schütteln, einen Finger nach dem andern aufstrecken, als ob man zählen wollte, die Hand grösser und kleiner werden lassen, Theater spielen mit den Händen usw.

In den am Boden liegenden Spiegeln lassen sich die Fusssohlen bequem anschauen!

Welche Gegenstände lassen sich wahrnehmen, wenn der Spiegel befestigt ist? Die Frage: «Könnt ihr nur eure Augen sehen?» zwingt zur Änderung der Entfernung. (Noch jüngere Kinder interessieren sich mehr noch für die Nase, resp. deren Inhalt, als für die Augen und erläutern die «Einsicht» mit einem erstaunten «Aha», indem sie heftig ein- und ausatmen(!)

Stuhlkreis

Jeder hat einen Taschenspiegel. «Sucht in eurem Spiegel einmal Philipp, findet ihr auch Martina?» Für die Fortsetzung des Spiels, das von einem Erstklässler erfunden wurde, ist es wichtig, dass das angesprochene Kind reihum in die aufgerichteten Spiegel blickt und bewusst aufnimmt, was es sieht. So viele Augenpaare auf sich gerichtet zu sehen, kann belustigen, begeistern, aber auch Angst auslösen. Das ständige Neueinstellen des Spiegels fällt manchmal noch Erstklässlern schwer.

Spiel

Alle legen ihre Spiegel weg. Nur **ein** Kind sucht mit seinem Spiegel eines aus der Runde und schaut es so lange an, bis es das

Kind merkt. Das nimmt nun seinerseits den Spiegel hoch und schaut weiter, das erste Kind legt seinen Spiegel hin.

Es ist spannend, die Gruppengrösse auf acht bis zehn Kinder zu verringern und auf **Tempo** zu spielen. Die Lautlosigkeit des Vorgangs ist nicht nur für Aussenstehende faszinierend. Von den Mitspielern erheischt das Spiel stete Wachsamkeit. Wer auch nur für kurze Zeit «aussteigt», unterbricht den Spielfluss.

«Verfolgen»

Alle **stehen** mit ihrem Spiegel verteilt im Raum. Ein Kind bewegt sich, ohne Spiegel, zwischendurch, vorerst gleichmässig gehend. Alle versuchen, das gehende Kind in ihrem Spiegel zu verfolgen. Nach Gutdünken werden die Rollen getauscht, indem sich das gehende hinter ein stehendes Kind stellt. Die Aufmerksamkeit wird erneut gefordert – und dadurch erhöht –, wenn das «verfolgte Kind» **Tempo** und **Gangart** sowie die **Ebene** ändert und den Raumweg abwechslungsreich gestaltet (nicht immer aussenherum gehen).

Variation

Jedes Kind denkt sich aus, wen es verfolgen will, aber keines gibt seine Wahl preis. Auf ein vereinbartes Zeichen setzen sich **alle** in Bewegung mit der Absicht, jederzeit das von ihnen ausgewählte Kind im eigenen Spiegel zu sehen, es nie daraus zu «verlieren».

- Wie schnell kann ich mich bewegen?
- Wie nahe kann ich mich heranwagen, ohne mich zu verraten?
- Aus welcher Entfernung bleibt das andere noch sichtbar?

Bei der anschliessenden Umfrage: «Hast du gemerkt, wer dich verfolgt hat?» stellt sich heraus, dass alle so in ihr Vorhaben vertieft waren, dass sie ihren Verfolger nicht ausmachen konnten mit einer Ausnahme: Wählen sich zwei gegenseitig, ist die Wahrscheinlichkeit, dass sich ihre Blicke in den Spiegeln treffen, gross.

Das Schauen auf einer begrenzten Fläche wie dem Spiegel ist einerseits eine Hilfe, weil sie das Tätigkeitsfeld abgrenzt, anderseits ermüden die Augen sehr rasch durch die grosse Beanspruchung. Gezielt und zeitlich begrenzt eingesetzt, als «Weckspiel» oder «Morgenturnen für die Augen», verfehlt es seine Wirkung nicht und wird sich vorteilhaft auf andere Gebiete auswirken.

«Detektiv-Prüfung»

Die Gruppe sitzt in einer Reihe, nahe der Wand, das Gesicht der Wand zugekehrt, jeder hat einen Spiegel. Der Gruppenleiter versteckt drei (vier, fünf) verschiedenfarbige Rhythmikstäbchen: auf dem Tafelrand, zwischen den Büchern auf dem Pult, in einem Schuh (verschiedene Ebenen einbeziehen).

Die Kinder drehen sich um. Mögliche Auflösungen:

- **Ein** Kind holt alle Stäbchen.
- Die **Reihenfolge** muss stimmen.
- Ein bestimmte **Farbe** bringen; eine Farbfolge, die nicht mit dem Verstecken übereinstimmt.
- Die Fundorte werden aufgeschrieben.
- Die Fundorte werden in einen Plan eingezeichnet.

Je nach Alter der Kinder ergeben sich entsprechende Lösungen. Je mehr Kinder gleichzeitig ihre Lösung mitteilen können, wie das beim Zeichnen oder Schreiben der Fall ist, desto grösser ist der Ansporn. Vereinfacht wird die Aufgabe (für Vorschulkinder oder HPS) durch Vergrösserung des Gegenstandes (z.B. ein Stofftier) und Verminderung der Anzahl.

*Diese Spielform wirkt verwirrend auf Legastheniker, deren Störung u.a. eine **Raumorientierungsschwäche** zugrunde liegt.*

Spiegel – Spiegelung – Spiegeln

Dinge / Gegenstände spiegeln

Selber Spiegelbilder darzustellen, wird sinnvoll, nachdem Kinder mit den Spiegeln gespielt haben und aus diesen Erfahrungen berichten, wo sie ohne Spiegel Spiegelbilder wahrnehmen können: im Fenster, im Wasser, in den Augen eines anderen Menschen . . .

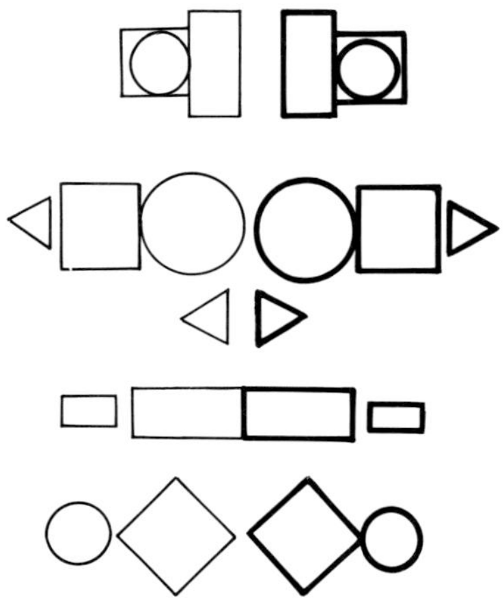

Statische Bilder

Mit logischen Blöcken

Kinder wählen von sich aus die **dünnen** Blöcke, um damit das Spiegelbild zu legen; manchmal gestalten sie das Spiegelbild auch mit den **kleinen** Blöcken.

Spiel in zwei Gruppen

Jede Gruppe hat einen Bausatz logischer Blöcke und erfindet mit den dicken Blöcken ein Bild. Die Gruppe tauscht den Platz und legt bei der anderen Gruppe das Spiegelbild.

Partnerspiel

Die Kinder bauen gleichzeitig, jedes neue Teil wird sofort gespiegelt.

Einzelspiel

Ein Kind gestaltet für sich allein ein Bild und legt den Spiegel dazu.

Rhythmiktücher – Chiffontücher

Das Gestalten wird anspruchsvoller, weil die einzelnen Elemente nicht eine vorgegebene Form haben, sondern frei erfunden werden können.

Bewegungen spiegeln

Mit Material: Chiffontücher

Partnerspiel: Je zwei Kinder stehen sich mit einem Chiffontuch gegenüber. Das eine bewegt sein Tuch, das andere spiegelt die Bewegung. Das Material löst **fliessende** Bewegungen aus. Die Tücher sollen vielfältig bewegt werden: zusammenknüllen – ausbreiten – durch die Hand ziehen – an einem Zipfel bewegen (aber nicht nur!) – an zwei Zipfeln halten – mit einer oder mit beiden Händen führen – das Tempo verändern – den Raum nutzen: oben/unten, hinten/vorn, auf dieser und auf der anderen Seite.

Solche Übungen sollen helfen, ein Gespür für einen Ablauf zu entwickeln, d.h. auch bewusst einen Anfang und ein Ende zu setzen, zu ***gestalten*** *und* ***nicht*** *einfach* ***aneinanderzureihen.*** *Je klarer die Vorstellung des vormachenden Kindes ist, desto sicherer kann das andere folgen.*

Mit Rhythmikblöcken

Partnerspiel: Je zwei Kinder sitzen sich mit je drei Blöcken gegenüber. Kind 1 legt einen Block vor sich hin, fügt den zweiten bei, stellt den dritten auf den zweiten, stellt den ersten hochkant dahinter usw., das Gebilde verändert sich ständig. Kind 2 baut gleichzeitig **mit**. Darauf achten, dass die rechte **und** die linke Hand, aber auch beide Hände gleichzeitig bauen. Auch hier entscheidet das bauende Kind über Beginn und Schluss, dieser soll für das nachbauende klar ersichtlich sein.

Der Sinn für formale Abläufe wird entwickelt. Das führende Kind muss ein gutes Vorstellungsvermögen haben und sich entscheiden können, dann werden seine Bewegungen zielgerichtet und sind für das mitbauende Kind nachvollziehbar.

Bei solchen Übungen wird auch klar ersichtlich, ob sich das führende Kind in das andere versetzen kann, ob es zuschaut, wie das «Spiegelkind» baut oder ob es einfach rücksichtslos für sich baut. Aufschlussreich für den Beobachtenden sind auch die Reaktionen des vormachenden Kindes auf Ungenauigkeiten seines Partners. Nimmt es sie überhaupt wahr? Weist es das andere darauf hin, oder weist es zurecht? Kann es Hilfestellungen bieten, oder begnügt es sich mit der Feststellung, dass es nicht stimmt? Vorschulkinder ahmen das Bauen ganz **aus der Bewegung** nach: Körpernähe –

Körperferne, auf dieser Seite – auf der anderen Seite. Sie überlegen sich nicht: rechts und links.

Von Bedeutung für das Gelingen ist bei den sitzend ausgeführten Spielen die ***Körperhaltung:*** *die Kinder sollen sich genau gegenüber sitzen im Fersen-, Schneider- oder Grätschsitz. Im Seitsitz wird die Körperachse abgedreht und erschwert dadurch – vor allem für Kinder, bei denen das Raum-/Lageempfinden noch nicht gefestigt ist – die Orientierung.*

Mit farbigen Rhythmikstäbchen

Partnerspiel: Die beiden Kinder sitzen sich mit je 5 (oder 3 oder 7) Rhythmikstäbchen, die sie wie einen Fächer in einer Hand halten, gegenüber. Kind 1 legt – vorerst in selbst gewähltem Tempo – die Stäbchen zu einem Muster, Kind 2 legt gleichzeitig mit. Zuvor haben sie festgelegt, ob die Muster mit oder ohne Kreuzungen ausgedacht werden.

Lage ***und*** *Farbe müssen übereinstimmen. Die Übung kann vereinfacht werden, indem die Anzahl Stäbchen reduziert und/oder die Farben beschränkt werden. Die Farbe(n) soll(en) sich klar vom Untergrund abheben. Auf einem dunklen Teppich oder Tischtuch wirken naturfarbene Stäbchen gut. Schräg laufendes Parkett kann auf unsichere Kinder verwirrend wirken (Figur-Grundproblem), anderseits gibt es Kinder, die das «Boden»muster als Anregung in ihr Bild miteinbeziehen.*

Erschweren

Metrisch bauen, d.h. das Tempo des Hinlegens wird durch einen Gong oder Klangstab, durch einen Akkord auf dem Klavier oder der Gitarre vorgegeben. Wie beim Bauen mit den Blöcken kann das Muster ständig weitergeführt werden durch Wegnehmen und Neuanfügen, oder die Aufgabe kann darin bestehen, dass die jeweils 5 (7) Stäbchen zu einem Bild gelegt werden. Beide Formen weisen für jeweils andere Kinder besondere Möglichkeiten oder Schwierigkeiten auf.

Weiterführen in eine Gruppenaufgabe

Im Kanon bauen. Die Kinder bilden zwei Reihen von einem Meter Abstand, die seitlichen Nachbarn sitzen näher. Die Kinder der Reihe 2 orientieren sich an ihrem Gegenüber, sie bauen **gleichzeitig.**

Die Kinder der Reihe 1 schauen auf ihren Nachbarn zur Linken und bauen **nacheinander,** wie aus der Zeichnung ersichtlich. Sind die fünf oder sieben Stäbchen hingelegt, schauen die Kinder zu, wie die Vervollständigung des Musters wandert.

*Diese Übung ist vor Jahrzehnten in einem Basler **Kindergarten** entwickelt worden. Heutigen Kindergartenkindern fällt es schwer zu warten, bis sie an der Reihe sind, viele bringen die geforderte Konzentration und das Durchhaltevermögen nur schwer auf. Wenn die Übung gelingt, wird das Gruppengefühl **gestärkt.***

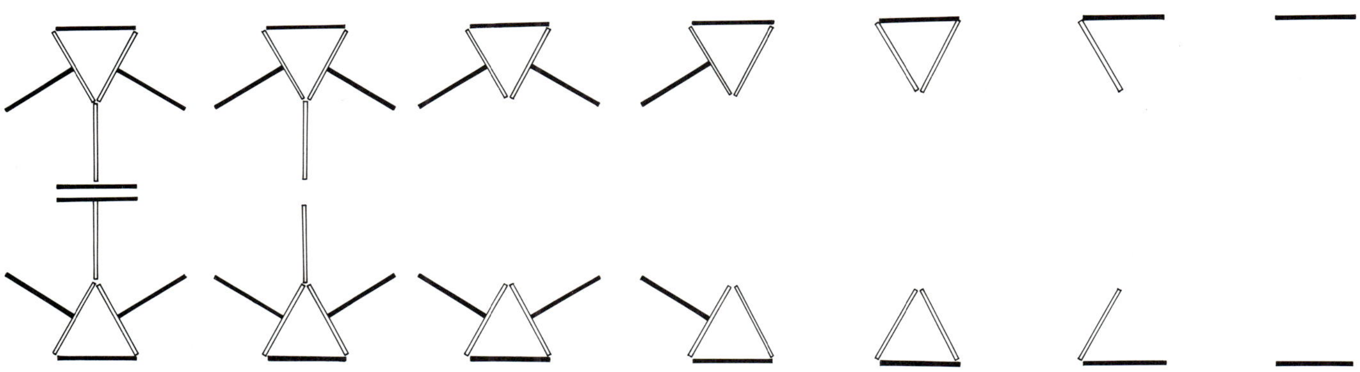

Ohne Material

Partnerspiel: Zwei Kinder stehen sich gegenüber, das eine übernimmt die Rolle des Spiegels. Es macht die Bewegungen seines «Vorbildes» unmittelbar mit. Die Bewegungen können den ganzen Körper miteinbeziehen oder sich beschränken auf Arme/Hände oder auf Kopfhaltung und Mimik.

In diesem letzten Fall ist es hilfreich, aus einem grossen Wellkartonstück ein ca. 40 × 50 cm grosses «Fernsehloch» auszuschneiden. Durch die Eingrenzung des Spielfeldes fällt die Imitation leichter. Kinder (und Erwachsene) machen dabei die Erfahrung, wie wenig beweglich wir im Gesicht sind, wie schwer es fällt, die Augenbrauen zu heben, ein Auge zuzukneifen, die Nasenlöcher zu bewegen usw.

Die einzelnen Übungen können zu Szenen erweitert werden: Morgentoilette, Schminken.

Manche Kinder erinnern sich, solche Szenen von Clowns gespielt gesehen zu haben.

Statue oder Denkmal

Partnerspiel: Kind 1 nimmt eine Stellung ein, die Kind 2 nachahmt. Auf ein akustisches Zeichen nimmt Kind 2 eine neue Haltung ein, die von Kind 1 aufgenommen wird. Diese Form kann auch im Kanon gespielt werden. Die akustischen Zeichen zum Wechsel folgen sich in gleichen Abständen.

Die Aufgabe ist für beide Teile anspruchsvoll; sie verlangt Bewegungsfantasie und Entscheidungsvermögen einerseits, visuelle Aufmerksamkeit und räumliches Vorstellungsvermögen anderseits.

Sobald die ***Fortbewegung*** *miteinbezogen wird, erschwert sich die Übung erheblich.*

Es ist selbstverständlich, dass bei allen beschriebenen Partnerübungen die Rollen immer getauscht werden. Am spannendsten werden die Abläufe, wenn die Übergänge fliessend sind, d.h. der Wechsel nicht abgesprochen oder vorgegeben wird, sondern sich wie von selbst einstellt. Als Beobachtungsaufgabe ist es reizvoll, herauszufinden, wer in welchem Moment führt.

«Symmetrie: Die Entgegensetzung des Gleichen» (H. Kükelhaus)

Der Begriff «Spiegel und Spiegeln» zieht den Begriff **Symmetrie** und **Achse** nach sich. Es gibt **sichtbare** Achsen wie z.B. bei einer Klecksographie oder einem Scherenschnitt. Beides ist schon mit Vorschulkindern herzustellen und wird, vor allem die Klecksographie, als Wunderbild empfunden.

Und es gibt **unsichtbare Achsen,** die vorgestellt, gefühlt/gespürt oder gehört werden müssen. Die Frage, ob die Kinder Dinge kennen, die natürlicherweise eine solche Mitte und zwei gegengleiche Seiten aufweisen, wird meist, je nach Alter allerdings, lachend verneint: «Nei, sone Falt mues me dänk mache.»

Mit der Zeit beginnen sie Dinge zu **sehen:** den zweitürigen Kasten, das zweiflüglige Fenster. Sie fangen an, sich Achsen vorzustellen: «Eigentlich auch das Klavier, wenn ich mir hier die Naht vorstelle, oder der Stuhl oder der Tisch.» Es fallen ihnen Dinge ein: ein Schmetterling, eigentlich fast alles oder jedenfalls vieles. Nun ist nur noch ein kleiner Schritt, aber es ist der entscheidende, bis ein Kind merkt, dass das bei uns auch so ist. Wir haben auch so eine Mitte. Es gibt Stellen, wo ich sie sehe, wo ich sie anfassen kann und spüre, z.B. den Nasenrücken, oder das Brustbein, oder die Wirbelsäule oder das Gräblein in der Oberlippe oder das Grüblein bei dir am Kinn . . .

Übungen, die zur Erfahrung der **Körpermitte** und Bewusstwerden der beiden **gegengleichen Körperseiten** beitragen:

aktiv: Die Kinder liegen in Rückenlage auf dem Boden mit der Vorstellung, das sei weicher, feiner, warmer Sand, in den sie sich einbuddeln, bis sie ein bequemes Nest haben. Die Beine sind leicht gespreizt, die Füsse fallen, wenn sie ganz entspannt sind, leicht nach aussen, die Arme liegen neben dem Körper. «Spürt ihr die Fersen, klopft einmal damit auf den Boden, in den Sand.»

«Zeichnet mit den Fingerspitzen ein Bild auf den Boden. Wie weit vom Körper weg könnt ihr noch zeichnen? Könnt ihr euch das Bild vorstellen? Hat es nur gerade Striche oder auch Bogen? Sind alle Striche gleich, oder gibt es dicke und dünne? Könnt ihr ein solches Bild auch mit den Fersen zeichnen? Oder mit den Ellenbogen? Oder mit Händen und Füssen gleichzeitig?»

Auflageflächen

«Stellt euch vor, welchen Abdruck euer Körper im Sand formt.» Mit der Sprache durch den ganzen Körper führen von den Fersen bis zum Hinterkopf. Wie sehr sich Kinder auf das Bild einlassen können, wird ersichtlich bei der Aufforderung aufzustehen, ohne den Abdruck zu verwischen.

Taktil-kinästhetische Wahrnehmung der Symmetrie

Partnerübung

Kind 1 setzt sich auf einen Hocker (oder auf eine Langbank) und schliesst die Augen. Kind 2 bringt **einen** Arm des Sitzenden in eine bestimmte Stellung, und Kind 1 sucht dieselbe Haltung mit dem anderen Arm zu finden. Die Bewegungen können fliessend werden und müssen simultan nachvollzogen werden. Im Liegen kann das gleiche mit den Beinen ausprobiert werden.

Partnerübung

Die beiden Kinder stellen sich Rücken an Rücken, eines hält einen Tennisball oder ein Sandsäckchen in der Hand. Es **streckt, dreht** oder **beugt** sich sehr langsam seitwärts oder vorwärts. Das andere spürt aus der Veränderung der Berührungsflächen und des Druckes, wie sich sein Partner bewegt, und macht dasselbe. Der Gegenstand wird oben/unten oder seitlich übergeben, und das zweite Kind erfindet einen neuen Spür-Bewegungsweg.

Da es bei einer solchen Übung um kleinste Veränderungen geht und diese Art, Bewegung zu registrieren, ungewohnt ist, braucht sie volle Konzentration und Aufmerksamkeit. Die Gruppe schaut jeweils ***einem*** *Paar zu. Werden die Augen geschlossen, fällt die visuelle Ablenkung weg, und die taktil-kinästhetische Wahrnehmung verdichtet sich.*

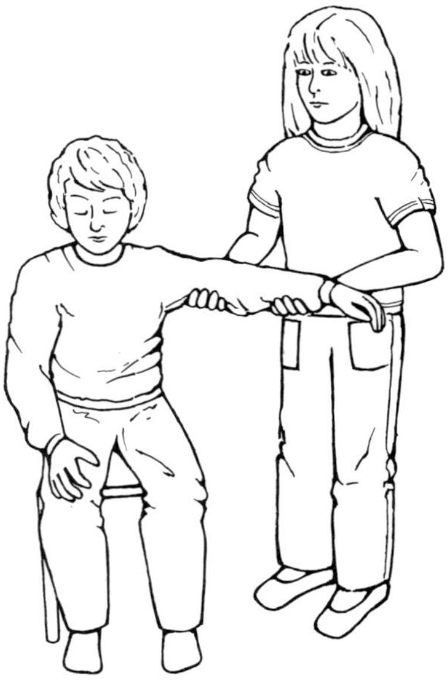

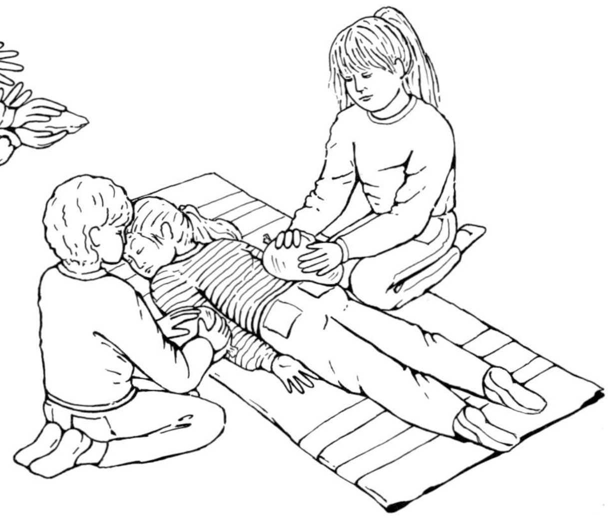

Symmetrie am eigenen Körper passiv wahrnehmen

In Dreiergruppen

Ein Kind legt sich bäuchlings auf eine Decke am Boden, die beiden anderen, jedes mit einem Tennisball, sitzen links und rechts. Sie rollen mit den Bällen die Rückseite des Liegenden ab, beginnen z.B. im Nacken und wandern weiter über Schulterblätter, Rumpf, Gesäss, Beine zu den Füssen. Die Ballbewegungen sind kreisend, von gleichem Tempo und gleicher Intensität. Das verlangt von den Ausführenden grosses Einfühlungsvermögen.

Wichtig ist nicht nur, **auf dem Körper** zu rollen, sondern auch **um den Körper.** Dazu eignen sich Luftballons, wegen ihrer grösseren Auflagefläche, noch besser. Bei Kindern, die sich stossen am Geräusch oder am Geruch des Ballons, können Schaumgummibälle verwendet werden. Die Gegenstände werden langsam und mit Druck **um den ganzen Körper** bewegt in einer Reihenfolge, welche die beiden aktiven Kinder selber festlegen.

Die Rückseite kann auch abgeklopft werden. Die Kinder nehmen dazu **handliche** Steine. Da sie wissen, dass Steine weh tun können, führen sie die Bewegungen besonders sorgfältig und aufmerksam aus.

Solche Körperempfindungs- oder Körperschemaübungen bilden einen guten Einstieg in den Tag oder – entsprechend – einen stimmigen Ausklang.

Selber symmetrische Bilder legen

Jedes Kind hält zwei ca. zwei Meter lange Baumwollseile an einem Knoten in die Höhe, so dass der andere Knoten den Boden berührt. Durch Senken der Seile Bilder entstehen lassen.

Jüngere Kinder bewegen dazu ihren ganzen Körper, sie laufen hin und zurück, während es mit zunehmendem Alter möglich wird, die Bewegung aus dem Handgelenk heraus zu führen. Das hängt nicht nur von der Seillänge ab, sondern auch vom Entwicklungsstand!

Ergänzen

Nur mit **einem** Seil wird eine Form gelegt. Mit dem zweiten Seil versucht jedes Kind, eine fremde Form zu ergänzen, wobei die Achse jeweils auf vier Seiten möglich ist, oder anders ausgedrückt: eine Form kann vier Ergänzungen erhalten, je nach Standpunkt.

Diese Übung ist sehr schwierig. Kinder haben für sich folgende Hilfestellung erfunden: in der einen Hand halten sie das Seil, mit der andern verfolgen sie mit dem Zeigefinger knapp oberhalb des liegenden Seils dessen Form, das erleichtert das spiegelbildliche Ergänzen.

Vereinfachen

Aus Katalogen Bilder mit symmetrischen Formen ausschneiden: z.B. Laubblätter, Schmetterlinge. In der Achse entzweischneiden, die eine Hälfte auf einen A4-Halbkarton aufkleben, die andere Hälfte auf eine kleine Karte, es entsteht eine Art Lotto. Es ist darauf zu achten, dass einmal die **rechte,** auf der anderen Unterlage die **linke** Seite ergänzt werden muss.

Weiterführen

Aus den entstandenen Seilformen wählt die Gruppe eine einfache aus, und jedes Kind versucht, diese Form «auswendig» zu lernen. Jeweils ein Paar geht die Form im Raum. Es ist schön zu beobachten, wie aus dem zaghaften, linearen Gehen sich mit wachsender Sicherheit ein **dynamischer** Ablauf entwickelt. Die «Tänzer» können sich dabei selber mit der Stimme oder mit Klanggesten begleiten oder von der Gruppe begleitet werden. Dem ersten Paar kann ein zweites gegenübergestellt werden. Oder die ursprüngliche Form kann von vier Paaren – übers Kreuz – dar-

gestellt werden. Die Gruppe erlebt dabei, dass Choreo-graphein bedeutet: «in den Raum zeichnen». (Für Schüler ab Mittelstufe.)

Zeichnen

Statt mit Seilen Bilder zu legen oder mit Kreppapierbändern Bilder in die Luft zu bewegen, zeichnen wir sie mit Wachsmalkreiden oder -täfelchen auf Packpapierbahnen oder mit feuchten (Jass) Schwämmchen auf die Tafel. Die Formen können frei erfunden sein oder sich einer Melodie unterordnen (wie im Kapitel mit dem Pentagramm beschrieben).

Lesen und schreiben

Um Zeichen irgendwelcher Art, z.B. Buchstaben und Zahlen, zu verstehen und sinnvoll zu interpretieren, muss die äussere Erscheinungsform in Beziehung gesetzt werden zu der sie umgebenden Fläche. Die Anordnung von **oben** und **unten, links** und **rechts** ist vorgegeben und kann nicht nach eigenen Einfällen und eigenem Gutdünken umgestaltet werden, ohne der allgemeingültigen Aussage verlustig zu gehen. Nicht nur die einzelnen Zeichen, auch die Zeichen**folgen** sind festgelegt: wir lesen und schreiben von links nach rechts, und die Zeilen folgen sich von oben nach unten. Dass in anderen Kulturen andere Reihenfolgen Gültigkeit haben, ist bekannt: bei den Japanern beginnt ein Buch hinten.

Die Begriffe **rechts** und **links** können sich erst bilden, wenn sich vorgängig das Empfinden, das Bewusstsein einer **Mitte,** einer **Mittelachse** ausgebildet hat. **Links** wird zu **rechts** und umgekehrt durch **Überkreuzen** , Überschreiten eben dieser Mitte. Kinder, bei denen diese Vorstellung fehlt oder nur ansatzweise entwickelt ist, werden sich weder im Raum noch auf einer Fläche zurechtfinden. Sie werden geschriebene Sprache weder produzieren noch reproduzieren können. Der Ansatzpunkt für die Hilfestellung liegt nicht in der Visuomotorik, sondern im Bewusstmachen, im Erfahrbarmachen der **Körperachse** über die **taktil-kinästhetische** Wahrnehmung. Sobald sich die Vorstellung der eigenen Achse gefestigt hat, kann sie in Beziehung gesetzt werden zu Raumachsen.

Dieses Beispiel beweist einmal mehr, dass «Bewegung aller Erziehung Anfang ist» und dass die Trias: **Erleben – Erkennen – Benennen** nicht übergangen werden kann.

Der chilenische Biologe und Erkenntnistheoretiker H. Maturana weist nach, dass selbst abstrakteste Modelle unseres logischen Denkens nur Abstraktionsformen von Organisationssystemen unseres Körpers sind und ***Denken vor der Sprache*** *entsteht. Der Leib bleibt durch unser ganzes Leben erlebtes und gestaltetes Vorbild. Die anschaulichste Einsicht dazu ist das lange bekannte Modell des Begriffs, der aus dem Greifen der Hand zum Werkzeug des Denkens geworden ist, aber ohne das tastende Begreifen der Hand allein zur haltlosen Spekulation führen kann.*
(aus: Kükelhaus/Lippe: Entfaltung der Sinne, fischer alternativ S. 34)

Symmetrie-Ergänzungsspiele mit Buchstaben und Zahlen

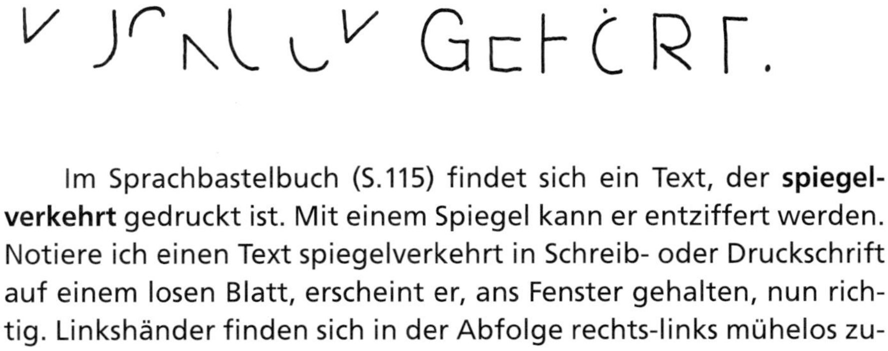

Im Sprachbastelbuch (S.115) findet sich ein Text, der **spiegelverkehrt** gedruckt ist. Mit einem Spiegel kann er entziffert werden. Notiere ich einen Text spiegelverkehrt in Schreib- oder Druckschrift auf einem losen Blatt, erscheint er, ans Fenster gehalten, nun richtig. Linkshänder finden sich in der Abfolge rechts-links mühelos zurecht, für sie ist es die «richtige» (und logische) Richtung beim Schreiben und Lesen.

Palindrome, griechisch: das Rückläufige. Damit werden Wörter oder Sätze bezeichnet, die vorwärts oder rückwärts gelesen werden können und den gleichen oder einen anderen Sinn ergeben. Allen geläufig sind die Beispiele

ANNA OTTO ILLI STETS RADAR RENTNER RELIEFPFEILER SUGUS

und mit anderem Sinn:

TON – NOT ROT – TOR GRAS – SARG

NEGER – . . . MAIS – . . . NEBEL – . . . EIN – . . . ZEUS – . . . ROMA – . . .

oder ganze Sätze:

Ein Neger mit Gazelle zagt im Regen nie.

Leo, spar Rapsoel!

Elly biss Sibylle.

Tunk nie ein Knie ein, Knut!

Alle necken Ella.

Axial-Symmetrie / Punkt-Symmetrie

Durch den Umgang mit Okta- und Kaleidoskopen merken die Kinder, dass ein Bild nicht nur verdoppelt, dem einen entgegengesetzt werden, sondern auch **vervielfacht** werden kann. Die Achsen schneiden sich in einem Punkt. Wenn Kinder, in Gruppen, solche Bilder nachgestalten, wird ersichtlich, ob sie die Gesetzmässigkeiten erkannt haben.

Hilfestellungen (für Vorschulkinder)

Mit einem Reifen beginnen, eine Büchse oder ein Tamburin in die Mitte legen.

Jeweils ein Spieler schlägt vor, mit welchem Material weitergebaut wird:

- «Jeder holt sich zwei Blöcke; wir stellen sie ausserhalb des Reifens gegeneinander, so dass Zacken entstehen.»
- «An jede Zackenspitze stellen wir ein Schlagholz.»
- «In jede Zackenspitze formen wir eine Seilspirale.»
- «Unter das Tamburin steckt jeder drei gleichfarbige Stäbchen, die nach aussen strahlen» usw.

Bewegtes Kaleidoskop mit den Händen

Die Gruppe kniet im Kreis, die Hände liegen auf den Oberschenkeln, rutschen langsam nach unten auf den Boden, ballen sich zur Faust, kippen nach aussen auf den Handrücken, die Finger zappeln und zappeln usw.

Das Spiel beginnt ohne Einführung oder Vorankündigung aus der blossen Imitation heraus. Die Führung wechselt, vorerst namentlich: «Adrian, machst du weiter», später ohne Absprache.

Als Gruppenaufgabe kann ein Kaleidoskop-Bewegungsablauf erfunden werden, der den ganzen Körper miteinbezieht.

Spiegel oder Umkehrung in der Musik

Bela Bartók hat im «Mikrokosmos» ein Stück mit dem Titel **Spiegel** dargestellt. Aus dem Notenbild werden die gegenläufigen Melodien sofort sichtbar, für den Spielenden sind sie in seinen Händen spür- und sichtbar. Über das Gehör sind sie wohl nur wenigen Schülern erfahrbar. Unterstufenkinder können in der Regel noch keine zweistimmigen Melodien aufnehmen.

Aber vielleicht gelingt die Erfahrung mit der folgenden Dreitonmelodie:

Spiegelform

Die Melodie wird vorerst auf der Alt- oder Tenorflöte, auf Tenorklangstäbchen, auf dem Klavier, auf einem Streichpsalter usw. gespielt, und die Kinder hören zu. Mit der Zeit summen oder singen sie mit. Wer Lust hat, kann auf einem Instrument mitspielen.

Wir versuchen, die Melodie mit Blöcken oder Cuisenaire-Stäbchen nachzulegen. Aus der Sky-line der untereinandergelegten beiden Teile wird die Spiegelform leicht ersichtlich.

Im **«Liederköfferli»,** dem 1987 im Lehrmittelverlag Basel-Stadt erschienenen Singbuch für die Primarschulen, steht auf Seite 271 ein «gespiegelter Tierstimmenkanon». Die einfache Stimmführung ermöglicht, dass Mittelstufenschüler die Spiegelung eventuell selber finden können. Der Kanon kann zudem von hinten nach vorn (Krebs) gesungen werden. Satzbildungsprobleme stellen sich erst gar nicht, da Tiere sich meist einsilbig zu äussern pflegen. Mäh!

PLACEN
VOCEN
FARB
DU
Nein!
Musik
Nein!
Neue
mit
Die
Ruhe&Ordnung
Renaissan

Was leistet unsere Wahrnehmung?

Beispiele zur Förderung der Konzentration

Figur-Grundwahrnehmung ist zunächst einmal eine Bezeichnung für die Besonderheit unserer Wahrnehmungsorganisation. Der erstmals 1921 gebrachte Hinweis, dass das Gesichtsfeld nicht ungegliedert, sondern als gegliedert und in sich abhebbar erlebt werde, hat in der Psychologie nachhaltig gewirkt.

Die Figur-Grund-Differenzierung bedeutet in phänomenaler Hinsicht Scheidung und in funktionaler Hinsicht Zusammenfassung zwischen dem, was die Rolle des Grundes und dem, was die Rolle der Figur übernimmt.

Das Figur-Grund-Prinzip *hat neben der* ***optischen*** *auch für die* ***akustische*** *Wahrnehmung, für die* ***Motorik*** *(z.B. Rechts-Linkshändigkeit), die* ***Gefühle*** *und nicht zuletzt für das* ***Denken*** *Bedeutung.* ***Die Leistung jeder Figur-Grundwahrnehmung liegt in der Konzentration*** *(zit. n. Psycholog. Wörterbuch).*

Beispiele zur Figur-Grund-Wahrnehmung im **taktil-kinästhetischen** Bereich: Dazu gehören alle Spielformen mit dem Greifsack, wie sie im Kapitel «Taktil-kinästhetische Wahrnehmung» beschrieben worden sind. Die Gegenstände sind unter dem Gesichtspunkt von Grösse, Form, Oberflächenstruktur und Gewicht zusammengestellt. Es geht darum, aus einer Vielzahl von Dingen mit jeder Hand die jeweils gleichen zu finden.

Beispiele zur Figur-Grund-Wahrnehmung im **auditiven** Bereich
1. Camille Saint-Saëns: Le carnaval des animaux

In der vierzehnteiligen «Grande fantaisie zoologique» gibt es ein Stück mit dem Titel: «Coucou au fond des bois». Die metrisch aneinandergefügten Akkorde (zwei Klaviere) werden im ersten Teil unterbrochen, im zweiten Teil überlagert durch den Kuckucksruf (Klarinette). Der erste Teil ist in zwei übereinstimmende Teile gegliedert. Das schafft Zeit, um sich einzuhören und Sicherheit zu gewinnen. Im zweiten Teil folgen sich die Akkorde ohne Unterbruch. Der Kuckuck beginnt zu necken: er ruft und ruft und schweigt und . . . Dadurch wird die Aufmerksamkeit gefordert und geschult. Obwohl das Stück nur eine Minute und vierzig Sekunden dauert, stellt es an das Konzentrationsvermögen eines Sechsjährigen hohe Anforderungen; es hilft, die Aufmerksamkeitsspanne zu verlängern. Für Erstklässler und ältere Schüler müsste es ein leichtes sein, den Kuckucksrufen zu folgen, müsste ...

Spielformen

A Jedes Kind hat 22, 23, 24 (jedenfalls einige Teile mehr als erforderlich) Knöpfe, Steinchen, Zündhölzer (ohne Köpfchen) oder Holzrondellen, die es auf einem gefalteten Tuch bereitlegt. Daneben liegt ein ausgebreitetes Tuch. Jedesmal, wenn es den Kuckuck rufen hört, legt es ein Teilchen auf das grosse Tuch.

Beim Beobachten fällt dreierlei auf:

- *Es gibt Kinder, die* ***planen:*** *sie nehmen sich gleich wieder ein Hölzchen, um es zur Hand zu haben und es auf das Signal hinzulegen oder auf das Tuch fallen zu lassen. Andere hören erst einmal und suchen sich dann den Gegenstand. Damit kommen sie im ersten Teil gut zu Rande, verpassen aber im zweiten Teil oft den Anschluss.*
- *Einige Kinder beginnen mit den Gegenständen zu gestalten, d.h. sie lassen die Steinchen nicht einfach fallen, reihen sie auch nicht aneinander, sondern erfinden ein* ***Muster.***
- *Das Gestalten gewinnt an Bedeutung. Angeregt durch das Material, wird die Aufmerksamkeit vom Auditiven auf das Visuelle gelenkt, sie hören nicht mehr hin, sondern lassen sich verleiten und verlieren sich.*

Im Laufe der Zeit haben wir folgende Lösung für dieses Problem gefunden: Jedes Kind bekommt 23 farbige Papierbällchen und ein Joghurtglas. Auf jeden Kuckucksruf nimmt es ein Bällchen weg und lässt es ins Glas fallen. Das Einfüllen verleitet nicht zum Gestalten. Nehmen ist offenbar einfacher als Geben (wenigstens in diesem Zusammenhang!). Dem Bedürfnis, mit den vielen Farben zu gestalten, kann stattgegeben werden, indem die ***Gruppe*** *anschliessend gemeinsam mit den farbigen Papierbällchen ein Bild in eine Schaumgummimatte legt, die auf der einen Seite Erhöhungen und Vertiefungen aufweist. (Diese Beobachtungen beziehen sich auf sechs- und siebenjährige Kinder.)*

Ältere Kinder könnten z.B. nach Anhören des Stücks den Wald malen, in dem dieser Kuckuck lebt (mit Jass-Schwämmchen unterschiedliche Grüntöne zu einer Fläche zusammenfügen oder mit breiten Pinseln malen ...) Auf den Kuckucksruf mit einer dunkleren Farbe ein Zeichen setzen oder mit Kartoffelstempel drucken oder ...

B Die Gruppe sitzt oder liegt bäuchlings – den Kopf aufgestützt – in einem Kreis. Die Augen sind geschlossen. Auf jeden Kuckucksruf gehen die Augen auf – zu. Vielleicht treffen sich meine

Blicke mit jemandem, vielleicht auch nicht. Das Spiel ist auf alle Fälle lustig und mündet manchmal in ein herzhaftes Lachen aus.

Die feine Bewegung des Augenöffnens und -schliessens ist, wie schon erwähnt, für kleine Kinder schwierig. Sie brauchen zuviel Kraft dazu, pressen die Augen zusammen, bis sie plötzlich «aufplatzen».

Auf diese Art kann man sich «Guten Tag» sagen oder – im Heim oder in der Schulverlegung – «Gute Nacht». Dann ist es möglicherweise bequemer, rittlings auf einem Stuhl zu sitzen und den Kopf auf die auf der Lehne liegenden Unterarme zu legen.

C Zwei Kinder oder das Kind und die Logopädin/Legasthenietherapeutin sitzen sich gegenüber. Beide haben die Augen geschlossen. Auf den Kuckucksruf drückt das eine seine Daumen in die Handinnenfläche des andern und umgekehrt. Diese taktil-kinästhetische Reaktion ist für den Erwachsenen aufschlussreich: die Dauer zwischen Hören und Reagieren teilt sich ihm als Länge der Leitung mit.

Diese Spiele sind nur dann sinnvoll, wenn der Kuckuck auch in der Natur gehört werden kann. Sagt uns ein Kind in dieser Zeit dann einmal: «Ich habe ihn dann gehört», ist uns wieder einmal ein Brückenschlag von der Unterrichtssituation in den Alltag, von der Schulstube in das natürliche Umfeld geglückt.

2. Führen – Geführtwerden mit Klängen

Je zwei Kinder wählen sich **ein** Instrument aus, das sie gerne spielen und hören, **Punktklinger:** Rassel, Rira, Trommel . . . oder **Klinger:** Triangel, Fingercymbel, Klangstab, Saiteninstrument, Blasinstrument.

Jedes Paar sucht sich einen Platz im Raum. Je ein Partner schliesst die Augen. **Ein** Spieler beginnt, in dem er sich rückwärts bewegt – um seinen Partner immer im Auge zu haben – und führt diesen einen kurzen Weg durch den Raum mit dem Instrument. Steht dieses Paar still, beginnt ein zweites seinen Weg und so fort, bis alle einmal einen Weg gegangen resp. geführt worden sind.

Schwierigkeiten bereitet den meisten, einen klaren Schluss zu übermitteln. Dieser darf ***nicht lauter*** *sein, da dadurch das geführte Kind erschrickt, er soll sich akustisch unterscheiden von den vorangegangenen Klängen/Geräuschen.*

Auf die Frage, wie der Ablauf gestaltet werden müsste, damit **alle** Paare gleichzeitig unterwegs seien, finden Kinder folgende Lösungen (ab 1./2. Klasse):

- möglichst verschieden klingende Instrumente einsetzen,
- **nacheinander** einsetzen an verschiedenen Orten im Raum und unterschiedlichen Instrumenten in der Abfolge, nicht auf einen Klinger wieder mit einem Klinger beginnen.

1
2
3
4
5
6
7
8
9a
9b
10
11
12
13
14
15
16
17
18
19
20
21
22
23
24
25
26
27
28

***Instrumente** erhältlich in Musikgeschäften, in Dritt-Welt-Läden oder selbst zu bauen.*

1 Flötenkopf

2 Kazoos (System: Kamm mit Seidenpapier)

3 Holzflöte aus Algerien

4 Gleit- oder Lotosflöte

5 «Naglophon», verschieden lange Nägel in ein Brett geschlagen, zum Klingen gebracht durch rollende Murmeln

6 Streichpsalter

7 Eierschneider

8 Rotta, eine Art Kantele, wird gezupft oder mit einem Schlegel geschlagen

9 Sansa (afrikanisch)
a) mit Schilfzungen
b) mit flach geschlagenen Nägeln

10 Ri-Ra

11 Ratsch-Stab (afrikanisch)

12 Cymbel oder hängendes Becken

13 Log- oder Gato-Drum, eine Art Xylophon

14/15 Rasseln

16 Rasselbüchse

17 Glockenspiel

18 Klangstab

19 Schlegel und Jazzbesen

20 Röhrenschlitztrommel

21 Triangel

22 Schellenrassel

23 Fingercymbeln (aus Nepal)

24 Schellenband

25 Handtrommel

26 Netzrassel (afrikanisch)

27 Kürbisrassel (südamerikanisch)

28 Rassel aus einem Kerbelstengel

Werden diese Vorschläge beachtet, können bis zehn Paare gleichzeitig unterwegs sein. Es ist erstaunlich, wie sich das Ohr auf **einen** Klang festlegen und die übrigen ausschliessen kann. «Ich habe sonst gar nichts mehr gehört», äussern die Kinder, manchmal selber erstaunt, nach einem solchen Klangweg. Eine Gruppe kommt auch von selber auf Gesetzmässigkeiten: «Je leiser ein Instrument tönt, desto häufiger muss es angeschlagen werden.»

Klinger tönen zwar schön, sind angenehm für das Ohr, aber der Klang «verflüchtigt» sich im Raum, das ist eine Verunsicherung. Durch Rhythmisieren entsteht eine Struktur, die das Verfolgen erleichtert.

Klangweg umsetzen

In Gruppen versuchen, auf einen Javapackbogen den Gehöreindruck umzusetzen in einen visuellen. Je nach Klangfarbe (hell, dunkel, dumpf) einen Farbton suchen und Formen, die die Lautstärke und Dauer im Verhältnis wiedergeben. Es entsteht eine graphische Notation, die wiederum in Klänge zurückverwandelt werden oder in Bewegung umgesetzt werden könnte.

3. Führen mit unterschiedlichen Tempi und Tonhöhen

(Mittelstufe)

Die Klasse wird in zwei Gruppen geteilt. Die eine verteilt sich im Raum, die andere gruppiert sich so um ein Klavier oder einen Flügel, dass jeder Schüler Zugang zu einer Taste hat.

Spielverlauf

Brigitte sagt: «Sonja, ich spiele für dich.» Sie spielt z.B. hoch und schnell, drückt immer dieselbe Taste. Markus sagt: «Peter, ich spiele für dich.» Er spielt einen tiefen Ton sehr langsam. Peter übernimmt das Tempo im Gehen; er steht still, sobald «sein» Ton nicht mehr hörbar ist. Mit der Zeit erklingen die einzelnen Töne nicht mehr nacheinander, sondern gleichzeitig. Das erfordert wiederum ein «Aussortieren» der Klänge, die nicht zu mir gehören. Schwierig herauszuhören sind mittlere Tempi in mittlerer Tonlage. Für die Spielenden/Führenden besteht die Schwierigkeit darin, das einmal gewählte Tempo wiederholen zu können und sich von den Mitspielern nicht irritieren = «drausbringen» zu lassen.

Vereinfachen

Die Vereinfachung besteht im Verkleinern der Anzahl sowie im Einsetzen verschiedener Klangfarben: Wir einigen uns auf vier oder fünf **Gangarten:** Gehen, Laufen, Hopserhüpfen, Trippeln und lange Schritte. Wir suchen Instrumente, auf denen sie klar wiedergegeben werden können: z.B. Tamburin für das Gehen, Schlaghölzer oder Rira für Laufen, Röhrenschlitztrommel oder Rahmen des Tamburins für Hopserhüpfen, Rassel für Trippeln, Klangstab oder Triangel oder Cymbel für lange Schritte. Die spielenden Kinder (Orchester) müssen untereinander Augenkontakt haben, sollten aber für die anderen nicht sichtbar sein, sonst lassen sich diese durch die Augen führen statt übers Gehör. Die Kinder, die sich bewegen, entscheiden sich vorgängig für eine Gangart. Beim Orchester ergibt sich mit der Zeit ein Einpendeln auf die Werte: Sechzehntel, Achtel, Viertel, Halbe und Punktierte.

Einige dieser Übungen habe ich vor dreissig Jahren schon bei Mimi Scheiblauer im Rhythmikunterricht erlebt. Wir ordneten sie ein unter «akustische Konzentrationsübungen». Viele der heute gebräuchlichen Begriffe aus der Wahrnehmungspsychologie gab es noch nicht, oder sie waren nur einem kleinen Fachkreis vertraut. Manchmal fiel uns auf, dass eine bestimmte Art von Übungen immer wieder vorkam, bei verschiedenen Altersgruppen, bei Behinderten und Nichtbehinderten. Wenn wir nach dem Grund fragten, sagte M. Scheiblauer oft: «Ich weiss es nicht, ich merke einfach, dass es wichtig ist, solche Übungen zu machen.»

4. Stuhlrhythmen

(Mittelstufe und ältere)

Jeder Schüler hat einen Stuhl und sucht Klangmöglichkeiten durch Patschen, Klopfen, Streichen, Reiben an verschiedenen Stellen des Stuhles: Sitz (oben, unten) Lehne, Beine, Leisten.

Immer zwei Kinder erfinden Motive, die jedes allein spielen und erkennen kann. Jedes Paar spielt sein Motiv der Gruppe vor. Jedes Paar hat einen A- und einen B-Spieler, die sich jetzt trennen und so im Raum sitzen, dass sie einander nicht sehen können. Es wird festgelegt, dass vorerst die A-Spieler zuhören; sobald sie von ihrem B-Spieler das Motiv vernehmen, antworten sie durch Wiederholen.

Je nach Alter und Gruppe beginnt das Spiel zögernd oder wild. Entweder wird unwirsch, entmutigt abgebrochen: «Das geht ja überhaupt nicht», was Anlass gibt zu überlegen, wie es denn in Gang gebracht werden könnte, oder die Spieler werden mutiger und wagen gleichzeitig zu spielen. Das Ohr wird sich bei der Form sehr schnell auch auf die ***Richtung*** *festlegen, aus der das Motiv kommt. Beim Wechsel ist es daher spannend, wenn alle ihren Standort tauschen und die Paare nicht wissen, wo ihr Partner ist.*

Das Spiel lebt vom dynamischen Ablauf: «Es setzt ein, wenn es ganz ruhig ist, und es ist zu Ende, wenn niemand mehr spielt», lautet die Anweisung. Parallel zur Figur-Grundübung läuft ein gruppendynamischer Prozess ab.

Variation

Alle Spieler gehen langsam umher, d.h. ich höre mein Motiv immer aus einer anderen Richtung, die Klangquelle bleibt nicht an den Ort gebunden. Das ist für die einen einfacher, für die anderen schwieriger zu lösen.

Beispiele zur Konstanz der Bilder

In den heutigen Lesebüchern, die an die Erstlesegänge anschliessen, wird bewusst auf ein einheitliches Schriftbild zu Gunsten einer Vielfalt verzichtet. Das Kind findet Druckschrift und verbundene Schrift, Fett- und Magerdruck, Schriftbilder in unterschiedlicher Grösse und Typen, in verschiedenen Farben; aber alles lässt sich zurückführen auf die 26 Zeichen unseres Alphabets. Was für die einen anregend ist, wirkt auf andere verwirrend, sie vermögen die Varianten nicht dem Gleichen zuzuordnen, sie erkennen die **Konstanz** nicht.

Wahrnehmungskonstanz bedeutet, das Gleiche (wieder) erkennen, wenn Grösse, Dimension und/oder Farbe sich ändern.

Spielmöglichkeiten für GROSS – klein-Konstanten

A Im taktil-kinästhetischen Bereich

Die auf Seite 35 beschriebenen Greifsackspiele zum Inhalt GROSS – klein: die eine Hand sucht in der einen Hälfte den grossen Gegenstand, die andere Hand in der anderen Hälfte den entsprechend kleinen: Glocke und Glöckchen, Stein und Steinchen, Kerze und Kerzchen . . .

B Im visuellen Bereich

Material: grosse Blöcke 4 × 12 × 24 cm und kleine Blöcke 1 × 3 × 6 cm (siehe Materialliste). Alle Kinder holen sich drei grosse Blöcke. Sie verteilen sich im Raum, und jedes baut damit etwas, was ihm gefällt. Das Bauen steht im Wechsel mit Fortbewegung. Der Gruppenleiter gibt auf einem Instrument (Klavier, Handtrommel, Schlaghölzer, Stimme . . .) eine Gangart vor, die Kinder bewegen sich entsprechend zwischen den Gebilden durch. Wird die Begleitung unterbrochen, geht jedes Kind zu seinem Bauwerk zurück und baut etwas Neues.

Variante für Schüler: Wird die Begleitung unterbrochen, verändert jeder Schüler das Gebilde, dem er am nächsten steht.

Nach einiger Zeit holt sich jeder drei kleine Blöcke und baut (s)ein Gebilde nach. Nun wird jedesmal gewechselt:
mit den grossen Blöcken bauen
sich bewegen
mit den kleinen Blöcken nachbauen
sich bewegen
mit den kleinen Blöcken bauen
sich bewegen
mit den grossen Blöcken nachbauen
sich bewegen

Der Standort für das Nachbauen kann jeweils frei gewählt werden.

Für Vorschulkinder bedeutet es eine zusätzliche Aufgabe/Herausforderung/Schwierigkeit, ein ***fremdes*** *Gebilde nachzubauen, mit dem eigenen ist man eher vertraut. Für Vier- und Fünfjährige ist es oft schon schwierig genug, das eigene Bauwerk wieder zu finden, wenn sie sich in der Zwischenzeit bewegt und so viele andere zu Gesicht bekommen haben. Das Eigene wiederfinden unter so vielen ähnlichen Drei-Block-Gebilden ist eine Figur-Grundübung; sich des Standorts zu erinnern (habe ich neben dem Klavier gebaut oder vor dem Kasten, in der Mitte des Raumes oder in der Ecke?) hängt mit der Raumorientierung zusammen.*

Variante

Sitzkreis: Ein Kind hat drei grosse Blöcke, alle andern je drei kleine. (In Gruppen von sechs bis acht Kindern spielen.)

Das Kind mit den grossen Blöcken baut vor, die anderen bauen nach. Dann rutschen alle einen Platz weiter. Auf diese Weise kommt jedes einmal zum Vorbauen.

Diese Form ist hilfreich für Kinder, die sich wenig zutrauen, sich gerne zurückziehen und übersehen werden. Niemand kann sich hier vordrängen, niemand kann sich verstecken, jedes ist einmal an der Reihe. Die besondere Stellung ergibt sich wie von selbst und wird dadurch natürlich und selbstverständlich. Erschwerend und/oder ungünstig bei dieser Form sind die unterschiedlichen Blickwinkel von der Kreislinie aus. Zum Überprüfen ist es einfacher, wenn man nebeneinander oder einander gegenüber sitzt.

Variante im Klassenzimmer

Auf dem Lehrertisch liegen die grossen Blöcke, auf den Schülertischen die kleinen. Jeweils ein Kind baut mit den grossen Blöcken vorne vor, die Gruppe baut am Platz nach.

Die Merkfähigkeit miteinbeziehen

Nachdem das Kind vorne vorgebaut hat, versucht sich jedes das Gebilde einzuprägen: «Schliesst die Augen, wenn ihr meint, es zu kennen. Wisst ihr jetzt noch genau, wie es ausschaut, könnt ihr es hinter den Augen sehen? Stimmt es mit dem wirklichen überein, wenn ihr jetzt die Augen öffnet?» Das grosse Vor-Bild wird daraufhin verdeckt (mit einem Zeichenkarton, mit einer kleinen Tafel, mit einem Tuch . . .), jedes baut mit seinen kleinen Blöcken nach; dann wird das ursprüngliche zum Vergleichen wieder sichtbar. Das nächste Kind kommt zum Vorbauen usw.

Wahrnehmungskonstanz in bezug auf **Dimensionen** bedeutet zu merken, dass die Tasse, die vor mir auf dem Tisch steht, und die Fotografie oder das Bild dieser Tasse denselben Gegenstand meinen.

Erfahrungsmöglichkeiten mit den Blöcken

Aus selbstklebendem Filz werden die drei möglichen **Flächen** eines Blockes mehrmals ausgeschnitten und aus je drei Flächen mögliche Kombinationen mit einer gemeinsamen Grundlinie auf Zeichenpapier aufgeklebt (Massstab 1:1). Die Rückseite wird mit einer anderen Farbe flächendeckend beklebt, so dass die Teilstücke nicht sichtbar sind. Das vorstehende Papier wird weggeschnitten.

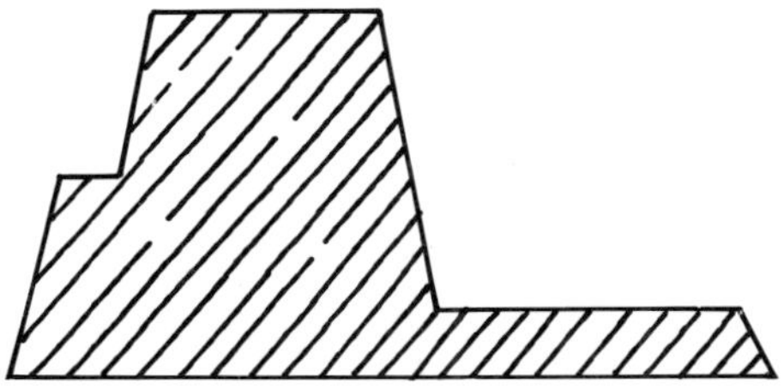

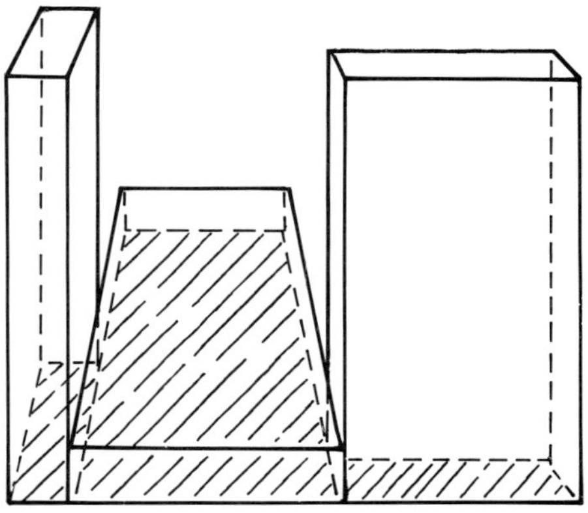

Die doppelt beklebten Blätter werden auf dem Boden oder auf Tischen verteilt hingelegt mit der Aufforderung, die Blöcke so darauf zu stellen, dass die einzelnen Flächen bedeckt sind.

Bei den mit einem Stück bedeckten Blättern sind manchmal mehrere Lösungen möglich. (Vergleichbar den Spielen mit Cuisenaire-Stäbchen: «Probiert einmal aus, welche Stäbchen auf einem Zehnerlein Platz finden.»)

Jedes Kind kann überprüfen, ob seine Lösung eine zutreffende ist. Das Spiel gibt kaum Probleme auf. Für den Gruppenleiter ist es spannend zu beobachten, welche Kinder einfach hantieren, indem sie ausprobieren, verschieben, drehen usw., und welche Kinder sich die Lösung im voraus vorstellen können, d.h. nicht mehr erstaunt sind über die Stellung bzw. das «Raumbedürfnis» der einzelnen Blöcke.

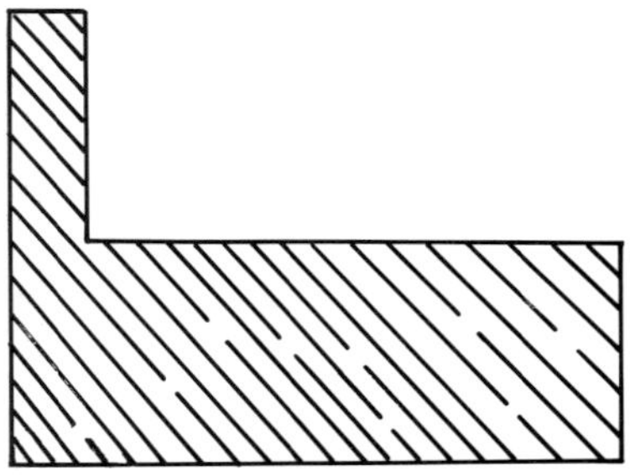

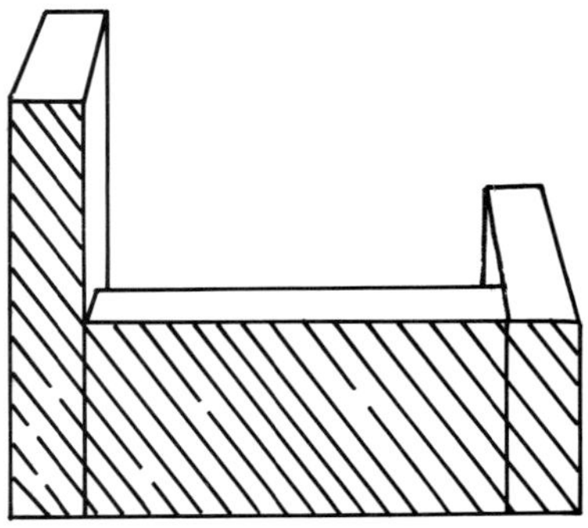

Weiterführen

Aus der **Aufsicht** wird eine **Ansicht:** Das beklebte Blatt wird nicht mehr auf den Boden gelegt, sondern senkrecht gehalten. Am einfachsten ist es, wenn sich zwei Kinder an einem Tisch gegenüber sitzen, das eine mit dem Blatt, das andere mit den Blöcken. Die Blöcke sollen so auf den Tisch gestellt werden, dass sie auf der vom Körper abgewandten Seite eine Linie bilden, also bündig sind. Das zuschauende Kind kann jetzt das Skyline-Blatt an das Gebilde heranschieben.

Das Spiel kann auch auf dem Boden gespielt werden. Da der Blickwinkel ein anderer ist, wirkt es auf die Kinder nicht so klar wie das Spiel auf der Tischplatte.

Für die meisten Erstklässler ist das Umsetzen vom Drei- ins Zweidimensionale sehr ungewohnt, das ist ihren erstaunten Blicken anzumerken. Oftmals kann man genau verfolgen, in welchem Moment des Spiels der «Groschen fällt» und sie Spass bekommen an der Sache. Sie sind nun unermüdlich und unersättlich im Ausprobieren. In dieser Phase leiten sie Kameraden, für die das Ganze immer noch ein spanisches Dorf ist, geduldig, genau und liebevoll an.

Mit wachsender Sicherheit kann auch die Distanz vergrössert werden: das zweidimensionale Bild wird auf die Wandtafel gezeichnet oder auf die Moltonwand geheftet, und die Kinder bauen am Platz das entsprechende dreidimensionale Bild nach.

Die Fortführung ist leicht zu finden: sie führt zum Plänelesen und -interpretieren. Wird das auf diese Weise handelnd vorbereitet und erlebt, gilt es später im Geometrieunterricht erst gar keine Hürde zu nehmen.

Im Kapitel **«Formen»** sind weitere Übungen beschrieben, bei denen es um ein Umsetzen vom Drei- ins Zweidimensionale und umgekehrt geht.

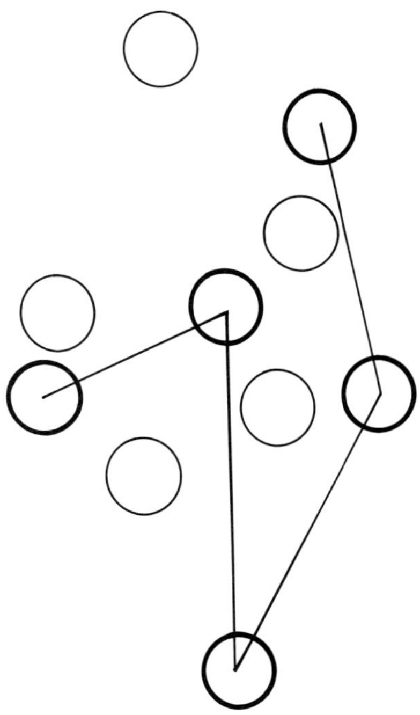

Visuelle Figur-Grund-Übungen

Solche Übungen werden aufgebaut vom **Raum** zur **Fläche,** aus dem **Drei-** ins **Zweidimensionale** übertragen, von der **Ganzkörperbewegung** auf die Visuomotorik **Augen-Handbewegung** zurückgeführt. Das entspricht auch dem Entwicklungsgang des Kindes.

Beispiele

Rote und blaue Reifen liegen verteilt im Raum. (Anzahl je nach Alter der Kinder.) «Sucht euch einen Weg, der nur durch blaue (rote) Häuser führt.»

Schwieriger: «Denkt euch einen Weg aus, der durch **alle** roten Reifen-Häuser führt.»

Variante

Statt der Reifen liegen rote und blaue Gymnastikbälle verteilt im Raum, die übersprungen werden.

Entwickeln

Blöcke werden in den drei möglichen Stellungen im Raum verteilt: liegend, längs- und hochkant. Den einzelnen Stellungen werden Tätigkeiten zugeordnet: sich auf die liegenden Blöcke **stellen,** die stehenden mit kleinen Schritten einmal **umtrippeln,** die längskant stehenden **überspringen.** Jeder wählt aus, wann er was machen will.

Von einem Platz ausserhalb des Blockfeldes denkt sich jedes Kind einen Weg aus, der alle Blöcke in einer bestimmten Stellung verbindet. Um selber überprüfen zu können, ob es alle in seinen Weg miteinbezogen hat, kann das Kind z.B. ein Zündhölzchen auf den Block legen, wenn es vorbeikommt, oder es kann den (hochkant stehenden) Block umstossen.

Die Anzahl der Gegenstände und die Grösse des Feldes richten sich nach dem Alter der Kinder.

Erst jetzt ist es sinnvoll, auf einem Blatt mit einem Stift eine vergleichbare Aufgabe zu lösen, d.h. vom Dreidimensionalen umzusetzen ins Zweidimensionale, vom Raum zur Fläche (siehe Bilder im Kapitel **«Formen»)**.

Noch vielfältiger wird die Aufgabe, wenn statt der Blöcke verschiedene Kartonröhren aufgestellt werden. Es werden Wege gesucht, die Röhren mit einem gemeinsamen Merkmal verbinden (z.B. alle farbigen, alle WC-Rollen, alle Haushaltpapierrollen, diejenigen mit Etiketten . . .).

Beispiele zur Übereinstimmung von Sehen und Bewegen

Taschenlampen haftet etwas Geheimnisvolles an. Sie leisten in besonderen Situationen besondere Dienste: Auf Fährtensuche nachts im Wald, in der Alphütte und im Zelt haben wir sie mit dabei, und wer erinnert sich nicht an das verbotene, heimliche Lesen unter der Bettdecke, das nur mittels einer Taschenlampe möglich wurde.

Spiele mit Taschenlampen sind reizvoll im Winter, wenn es morgens zwischen acht und neun Uhr noch dunkel ist oder schon früh am Nachmittag zu dämmern beginnt.

Spielmöglichkeiten

Kontaktspiel

Jedes Kind hat eine Taschenlampe, alle liegen auf dem Rücken. Eines leuchtet mit seinem Licht an die Decke: «Das ist mein Licht; wie sieht deines aus, Margrit?» und so fort, bis alle Lichtkegel an der Decke sind. Da es dunkel ist und die Kinder auf dem Rücken liegen, können sie sich nicht sehen. Haben sie ein «inneres» Bild, wer alles zur Gruppe gehört? Erinnern sie sich, wer noch nicht gerufen wurde? Welches Kind wird immer vergessen oder als erstes/letztes aufgerufen?

Variante

Alle sitzen in den Schulbänken, das Licht wird auf die Wandtafel projiziert. Finden alle Platz?

Durch die Sitzordnung ist – anders als beim Liegen am Boden – eine Struktur vorgegeben, an der sich die Schüler orientieren.

Reaktionsspiel

- Die Lichter tanzen an der Decke/Wandtafel. Sobald ein **rotes** Licht erscheint, verschwinden sie.
- Das rote Licht erscheint immer an einer anderen Stelle und bleibt unterschiedlich lange, so dass Aufmerksamkeit und Reaktion wirklich gefordert sind!
- Sobald das rote Licht erscheint, schliessen sich die anderen Lichter an einem andern Ort ganz nah zusammen. Verschwindet das rote Licht, bewegen sich alle Lichter wieder frei.

Reaktions- und Weckspiel

Die Kinder sitzen am Boden oder in den Schulbänken. Der Gruppenleiter (oder ein Kind) hat zwei Taschenlampen, eine mit gelbem Licht, die andere mit rotem. Das gelbe Licht bedeutet z.B. eine Aktivität mit der Stimme: singen – summen – flüstern – murmeln; sobald die Gruppe sofort reagieren kann, d.h. die Stimme mit dem Licht abgeschnitten wird, kommt das **rote** Licht dazu, dem eine Tätigkeit mit den Händen zugeordnet wird: klatschen – auf den Boden/auf die Bank klopfen – patschen; die Lichter wechseln vorerst ab und werden dann – ohne Ankündigung – zusammengeschaltet. Die Intervalle sind ungleichmässig: beide – das eine – beide – das eine – das andere – das andere usw.

Wichtig ist, dass man Lampen findet, die sich einfach bedienen lassen d.h. Ein- und Ausschalten müssen ohne Widerstand möglich sein. Betätigt ***ein*** *Kind die Lampen, setzt das ein gewisses Mass an Unabhängigkeit voraus.*

Findet die Gruppe zwei Lichter zu langweilig und fühlt sie sich unterfordert, werden ein grünes und/oder ein blaues miteinbezogen.

Bei den zugeordneten Tätigkeiten achte ich auf Unterschiede: die ***stimmlichen*** *sind kontinuierlich und eher leise, die der Hände punktuell, kräftiger, lauter. Die Abweichungen in der Kraft/Lautstärke verlangen eine Beherrschung der Bewegungen.*

Das Licht führen

Jedes Kind leuchtet sich einen Weg im Raum, es befindet sich stets im Lichtkegel seiner Lampe.

Variation

Partner. Kind A bleibt mit seiner Lampe stehen und führt Kind B auf einer Lichtstrasse.

Es bedarf grosser motorischer Beherrschung, das Licht kontinuierlich und nicht ruckartig zu führen, und ist daher für Unterstufenkinder und jüngere anspruchsvoll.

Eigene Wege suchen

Jedes Kind geht umher und sucht sich für sein Licht gezielt Bewegungsmöglichkeiten:

- auf der Wandtafeloberkante balancieren
- am Türrahmen hochklettern
- von einer (Decken)Lampe zur andern hasten
- den Wasserhahn umkreisen
- die Zeichnungen anschauen
- auf dem Tafelschwamm ausruhen

Ein Kindergartenkind liess sein Licht lange Zeit auf einem Elektrikerrohr, das waagerecht in der oberen Hälfte einer Wand verlief, hin- und hergleiten und sagte dann strahlend: «Mis cha halt seilitänzle!»

Lichter-Zug

Das rote Licht ist die Lokomotive und bewegt sich an der Decke, an den Wänden, am Boden. Ein gelbes Licht wird angehängt, dann ein zweites usw. An einem andern Ort startet eine grüne Lok. Die Wagen können sich nach eigenem Entscheid und Gutdünken anhängen oder jeweils durch ein akustisches Signal angehängt bzw. abgekoppelt werden.

Das «Bewegen» der Lokomotive ist eher ein «Gleiten». Überall herumjagen ist zwar anfänglich lustig, wird aber schnell für die Nachfolgenden frustrierend und ufert aus.

Den (Spiel)Raum eingrenzen

Ein Leintuch (oder ein anderes grosses Tuch) über ein Seil hängen. Die Spieler befinden sich **hinter** dem Tuch. Viele der beschriebenen Übungen können auf diesem Tuch «aufgeführt», d.h. von einer Zuschauergruppe beboachtet werden. Kinder entdecken meist in diesem Zusammenhang, welche Rolle die **Distanz** zum Tuch spielt: klare und unscharfe Konturen, grosser und kleiner Lichtkegel. Daraus ergeben sich wieder neue Spielmöglichkeiten.

Vielleicht wird durch diese Erfahrungen der Wunsch laut, Schattentheater zu spielen . . .

Alle diese Taschenlampenspiele fördern u. a. die **visuomotorische Koordination,** d.h. das Zusammenspiel zwischen Augen und Motorik. Darin liegt eine der wichtigen Voraussetzungen für das Lesen und Schreiben.

Den Sinn erhalten solche Übungen aus der Art und Weise, wie sie zusammengefügt, aneinandergereiht, zueinander in Beziehung gesetzt werden. Damit eine solche Folge **rhythmisch** wird, müssen **Wechsel** darin enthalten sein: z.B. ein Wechsel im sozialen Bereich: Gruppe – Partner – allein.
Oder beim Taschenlampenspiel:

- den ganzen Raum als Spielfeld brauchen – einen beschränkten Raum zur Verfügung haben
- sich an eine Anweisung, an einen Vorschlag halten – eigene Möglichkeiten finden
- in der Bewegung durchhalten – die Bewegung unterbrechen
- aktiv sein – passiv sein
- schnelle Bewegung – langsame Bewegung

In einem Spiegel schauen sich die Kinder beim Bauen zu.

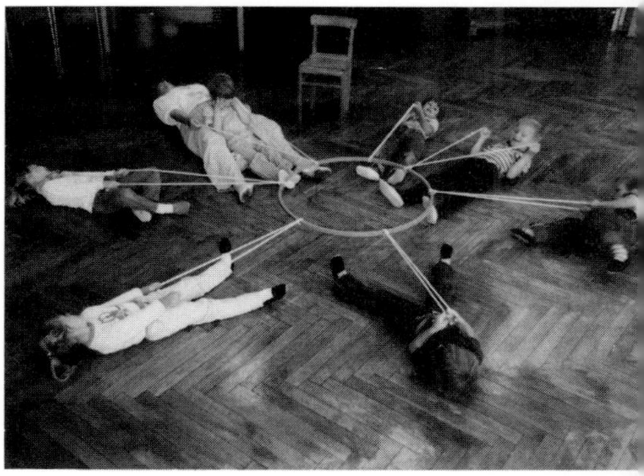

Bildfolge (oben rechts)
Wenn wir uns gleichzeitig auf den Boden legen und wieder aufsetzen, bleibt der Reifen immer am Boden. Die gespannten Seile sehen aus wie Sonnenstrahlen.

Vom Umgang mit Formen

Formen erfassen und differenzieren

Gegenstände, mit denen Kinder sich umgeben oder von denen sie umgeben sind, unterscheiden sich in der Form, in der Grösse, im Gewicht, in der Oberflächenstruktur; sie sind starr oder lassen sich verändern, sie lassen sich bewegen und beginnen dadurch zu tönen, und sie haben unterschiedliche Farben. Sobald das kleine Kind etwas in seinen Händen halten kann, führt es diesen Gegenstand auch in den Mund und lernt ihn dadurch noch auf eine andere Art kennen. Die ersten Wahrnehmungen sind über die Hautsinne wahrnehmbar: es **ergreift, umfasst** und **bewegt** Dinge. Gleichzeitig **riecht** und **schmeckt** es sie und reagiert auf diese Unterschiede durch Verlangen oder Abwehr.

Formen erfährt und erfasst das Kind ursprünglich über den taktil-kinästhetischen Sinn, erst später setzt es den Gesichtssinn ein, um Formen zu unterscheiden. Nach meiner Erfahrung ist es wichtig, für Kinder mit Formerfassungsschwächen unerlässlich, dass wir zur Förderung und Unterstützung der Formerfassung Möglichkeiten über beide Sinnesbereiche, den taktil-kinästhetischen und den visuellen, zur Verfügung halten.

Beispiele

Nüsse (HPS, KG, EK, U)

Um die Nikolaus-Zeit, wenn ohnehin in vielen Familien Nüsse vorhanden sind, können wir sie in Spiele miteinbeziehen:

Sortieren

Einen Sack Nüsse auf ein Tuch ausleeren, z.B. Baumnüsse, (Walnüsse), Erdnüsse, Haselnüsse, Mandeln, Paranüsse . . . und die gleichen zusammenlegen lassen.

Variante

Auf A4-Blättern ist jeweils eine Nuss so gross als möglich **gezeichnet** (mit Kohlestift); die Kinder verteilen die Nüsse auf das Bild (Wahrnehmungskonstanz: Gegenstand – Bild; gross – klein).

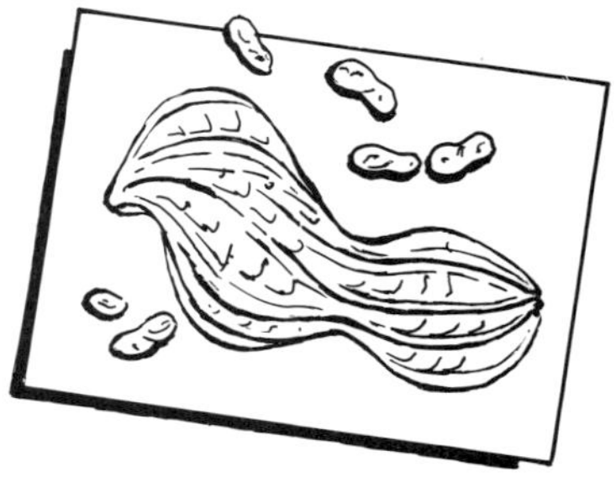

Taktil erkennen

In den beiden Taschen des Greifsacks sind viele Nüsse, jede Hand sucht die gleichen (Figur-Grundübung).

Variante

Ein Kind **zeigt** (oder nennt) eine Nuss, die anderen suchen sie im Greifsack.

Vergleichen

Grösse und Form der einzelnen Nüsse in Beziehung setzen zur eigenen Hand: «Welche Nuss könnt ihr ganz in eure Hand einschliessen?» «Welche spürt ihr am liebsten? Warum?» «Die Erdnuss kann ich wegen ihrer Taille (Verjüngung) so gut mit dem Mittelfinger halten, dass es von aussen niemand sieht. Probiert auch einmal.»

«Ich habe die Haselnuss am liebsten, weil sie so klein und glatt ist.»

«Die Paranuss ist so kantig, und die Farbe gefällt mir auch nicht, aber zum Halten finde ich sie angenehm.»

«Die Mandel muss ich ganz sorgfältig auf die Hand legen, sonst sticht sie, oben ist sie ganz spitzig.»

«Die Baumnuss halte ich gern, aber die Hand kann ich nicht mehr ganz schliessen.»

Damit beschreiben die Kinder bereits das Besondere der einzelnen Formen (und zum Teil auch der Oberfläche).

Umsetzen, damit die Formen noch bewusster werden: aus Ton oder irgendeiner Knetmasse einzelne Nüsse formen. «Merkst du, welche ich gemacht habe?»

Am einfachsten sind die kugelige Haselnuss und das längliche Erdnüsschen darzustellen. Jedes Kind knetet mindestens zwei Nüsse; oft gelingt die Zuordnung – besonders bei ungelenken Versuchen – nur durch den Unterschied von Grösse und/oder Form (z.B. Haselnuss – Erdnuss; Haselnuss – Baumnuss; Haselnuss – Mandel).

Mit dem eigenen Körper versuchen, eine Nuss darzustellen. Manchmal braucht es für eine Form zwei Kinder, z.B. für die Baumnuss, oder ein drittes, das von aussen Anweisungen gibt.

Flaschen (KG, EK, U)

Unter einem Tuch liegen und stehen viele **Glasflaschen.** Durch Abtasten versuchen die Kinder herauszufinden, welche Gegenstände das Tuch verdeckt. Paarweise tauschen sie ihre Erfahrungen aus und zeichnen das Gespürte auf ein A4-Blatt.

Die Unterschiede sind bei der beschriebenen Zielgruppe gross, nicht nur in der zeichnerischen Wiedergabe. Einige Kinder nehmen sehr genau die verschieden langen Flaschenhälse, die unterschiedlich grossen Öffnungen, die Abschlüsse mit und ohne Rillen wahr; anderen fällt nur gerade die Grösse auf. Einige berühren oberflächlich und schnell, sagen sofort: «Aha, ich weiss, was das ist», während andere sich Zeit nehmen, umfassen, hin und her bewegen, die Dinge planvoll abtasten mit beiden Händen. An ihrem Gesichtsausdruck lässt sich unschwer erkennen, wie das Bild Konturen annimmt.

Da sich die Wahrnehmung beim Tasten, in diesem Fall, auf Form- und Grössenunterschiede beschränkt, sind die Kinder sehr überrascht und erstaunt, wenn beim Wegnehmen des Tuches die **Farben** zum Vorschein kommen: «Je, blaue, die sind schön, und grüne und braune und weisse . . .!» Um dann gleich zu ergänzen: «Die dort habe ich gespürt und dann noch jene . . .!»

Partnerspiel

Die Kinder gruppieren sich um das Flaschenarsenal. (Die Anzahl der Gegenstände ist jeweils dem Alter entsprechend, ich achte auf markante Formen und Grössenunterschiede).

Die Paare setzen sich gegenüber. Kind 1 schliesst die Augen und erhält von Kind 2 eine Flasche in seine Hände. Sobald es sie zu kennen glaubt, gibt es sie zurück, und Kind 1 stellt sie an den ursprünglichen Platz.

Das ist nicht unwichtig, da es Kinder mit einer verblüffenden visuellen Merkfähigkeit gibt (sie fallen uns auch beim Memoryspielen auf)! Die stellen sofort fest, welche Flasche an einem anderen Ort steht, und aus dieser Veränderung schliessen sie auf das vermeintlich Gespürte.

Die sinnvolle Auflösung besteht darin, dass aus den vielen Flaschen die tatsächlich gespürte mit den Augen gesucht wird.

Variante

Nachdem Kind 2 seine Augen geöffnet hat, schliesst Kind 1 die Augen, und Kind 2 gibt ihm die Flasche in die Hand, die es gespürt zu haben meint.

Auf diese Weise nehmen beide Kinder die Form **visuell** und **taktil** wahr, nur in umgekehrter Reihenfolge. Es ist eine **intermodale** Übung, insofern der Eindruck, der über den Tastsinn aufgenommen wird, durch den Gesichtssinn bestätigt wird und umgekehrt.

Aufschlussreich sind jeweils die Kommentare der einzelnen Kinder: «Weisst Du, wegen dieser Vertiefung habe ich gemerkt, welche Flasche du mir gegeben hast!»

Eine Weiterführung für ältere Schüler: die Formunterschiede werden **sprachlich** beschrieben.

Vereinfachen

Sobald ausser Form und Grösse auch noch Materialunterschiede (Temperatur, Oberflächenbeschaffenheit, Konsistenz) weitere Anhaltspunkte liefern, wird die Aufgabe leichter. Für sehr kleine Kinder, geistig behinderte und/oder wahrnehmungsgestörte, wird zudem die Anzahl auf zwei oder drei Gegenstände verringert.

Beispiele

Spielzeug, Küchengeräte, Werkzeuge

Erschweren

Formen nur visuell erfassen

Nuss-Schalen-Memory

Halbierte Schalen von Baumnüssen (Walnüssen) werden auf einem quadratischen Tuch so angeordnet wie die Spielkarten beim Memoryspielen. Sie unterscheiden sich nur gering in Grösse, in

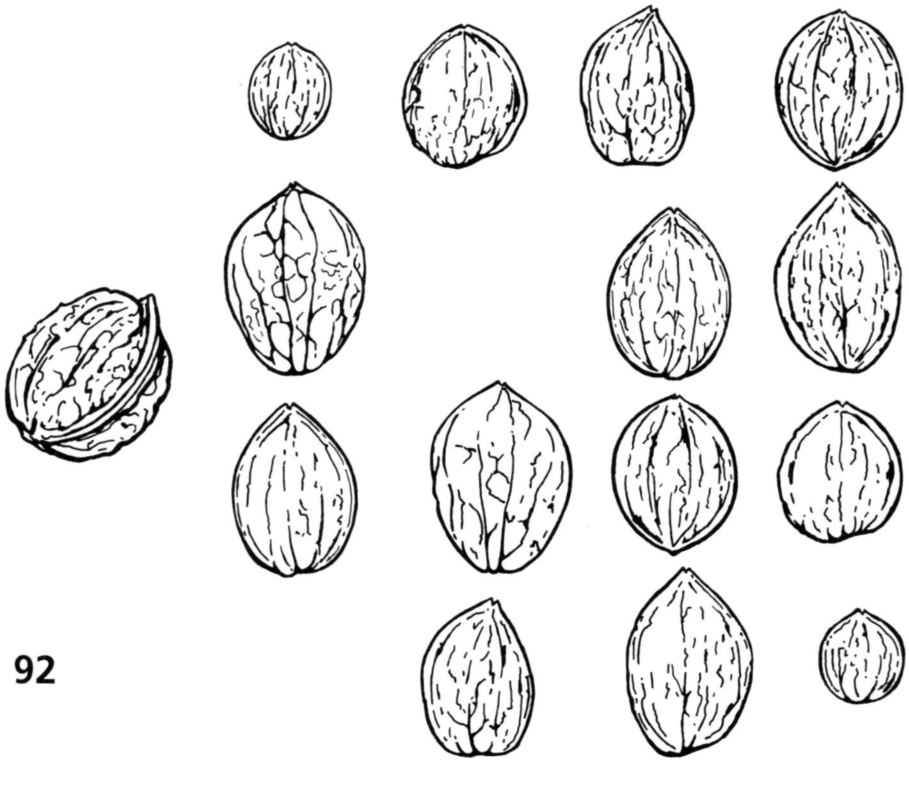

Farbnuancen, in der Rillenzeichnung. Der Spieler kann die beiden Hälften wegheben, von denen er glaubt, dass sie sich zusammenfügen lassen.

Nochmals erschwert wird das Spiel, wenn die eine Hälfte der Schalen mit der Öffnung nach **oben** hingelegt wird und man so die beiden zusammengehörigen finden muss.

Wie wäre es mit einem Memory aus **Muscheln?** Wenn alle Kinder, die während der Sommerferien am Meer oder an einem See waren, ihre schönsten Muschelpaare bringen, reicht es vielleicht für ein Klassenspiel?

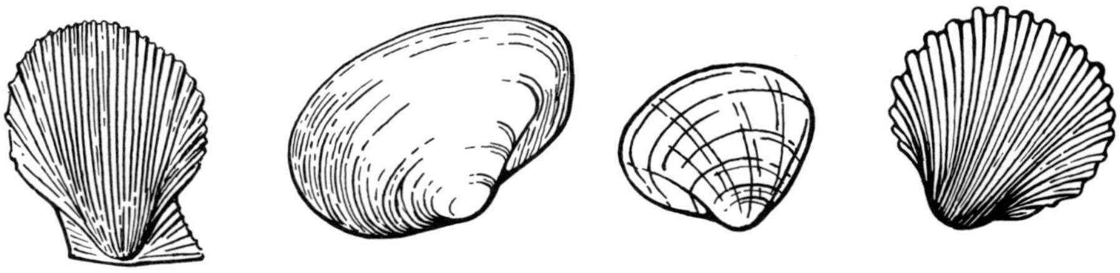

Einige im Kapitel «Taktile Differenzierungsübungen» beschriebenen Spiel-Formen können auch als **Formerfassungsspiele** eingereiht werden: **Knopfdomino, Dorfbauspiel, Arche Noah.**

In der Schule führen diese Formdifferenzierungsübungen dann zu den Formen, die jedes Kind zu integrieren hat: den Buchstaben und Zahlen.

Aus Sperrholz ausgesägt, aus Sandpapier ausgeschnitten und aufgeklebt, mit Leimspuren geformt oder in Tontäfelchen eingegraben: der Möglichkeiten sind sehr viele, um die in den Kulturtechniken gebrauchten Formen taktil-kinästhetisch und visuell erfahrbar zu machen. **Dabei scheint mir wichtig, dass mit Positiv- und Negativformen gespielt wird.**

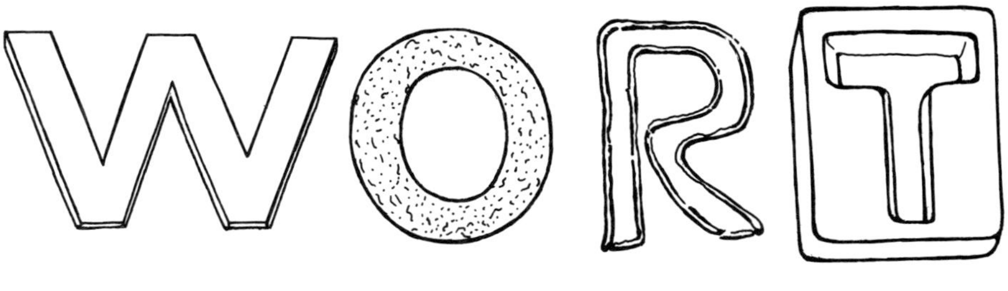

Wozu aber dieser «Umweg» über Alltagsgegenstände wie Knöpfe, Flaschen, Nüsse? Der Grund ist **auch** ein psychologischer: Kinder, die sich mit Buchstaben und Zahlen schwer tun, werden oft blockiert, wenn sie merken: «Jetzt kommt wieder das, was ich sowieso nicht kann.» Das Spielen mit «ausserschulischen» Dingen verleitet vielleicht sogar zum Nachahmen. Das Differenzieren von Formen kann auf verschiedenste Art und Weise gefördert werden; wichtig und grundlegend für die schulschwachen Kinder ist das Verbinden von visueller Wahrnehmung mit taktil-kinästhetischer als deren Basis.

Punkt und Strich

«Das ist ein Punkt, ein Punkt für dich, nun zieh ihn lang, dann wird's ein Strich . . .»

Mit diesen Worten beginnt ein – leider vergriffenes – Bilderbuch, in dem aus einem Punkt die ganze Welt entsteht, um gleich wieder relativiert zu werden:

«Die Welt, die so grossmächtig prunkt,
die ist von oben nur – ein Punkt.»

Formaufbau setzt demnach ein beim Wahrnehmen von Punkten, die sich irgendwo auf einer Fläche befinden, und dieses «irgendwo» gilt es zu bestimmen.

Sich zurechtfinden auf einer Fläche

Partnerspiel: die Kinder sitzen hintereinander am Boden. Das vordere Kind hat ein in der Mitte gefaltetes Rhythmiktuch hochkant vor sich liegen sowie einige verschieden grosse Holzrondellen oder grosse Knöpfe. Das andere Kind zeichnet seinem Kameraden mit dem Zeigefinger einen Punkt auf den Rücken:

Oben	links	in der Mitte	rechts
Mitte	links	in der Mitte	rechts
Unten	links	in der Mitte	rechts

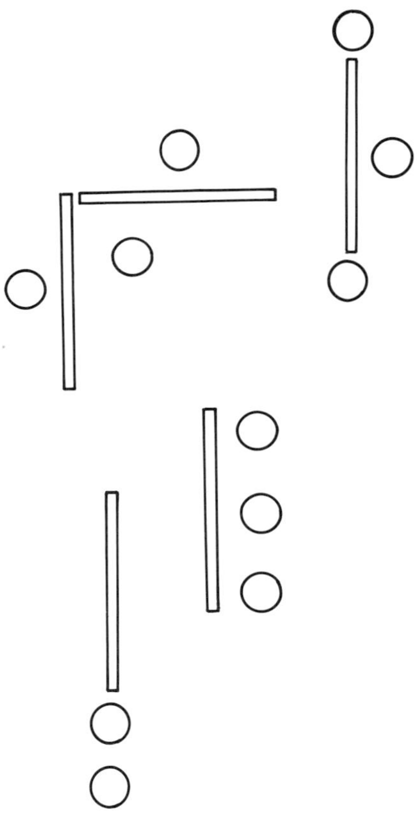

Das spürende Kind legt die Rondelle an den entsprechenden Ort auf dem Tuch, das ungefähr der Grösse seines Rückens entspricht.

Falls die Umsetzung der Ebenen – vom senkrechten Rücken auf das waagrechte Tuch – Mühe bereitet, können sich die Kinder vor die Wandtafel stellen. Auf die Tafel wird das Rücken-Rechteck gezeichnet. Das Kind hält in jeder Hand ein feuchtes Jass-Schwämmchen und tupft damit die Punkte auf die Tafel.

Dieses Vorgehen ist in einer heilpädagogischen Schule hilfreich oder drängt sich in einer Legasthenietherapie auf.

Die Übung wird dahin erweitert und variiert, dass mehrere Punkte von unterschiedlicher Grösse übermittelt werden.

Viele Punkte nebeneinander gesetzt, ergeben einen waagrechten Strich, untereinander gesetzt einen senkrechten. Statt viele Rondellen zu legen, kann ein Rhythmikstäbchen gesetzt werden.

Mit einem Strich und drei Punkten sind bereits viele Varianten möglich. Das Spiel kann auch umgekehrt mit einem Punkt und drei Strichen gespielt werden, was sehr viel anspruchsvoller ist.

In einer ersten Phase werden noch keine Überschneidungen gelegt, die Striche/Stäbchen berühren sich nur. Die möglichen Richtungen sind somit:

senkrecht – waagrecht – links schräg – rechts schräg

Raumschwelle

Obwohl der Rücken mit verhältnismässig vielen Tastrezeptoren ausgestattet ist, werden taktile Reize hier schlechter gespeichert. Berührungspunkte vergessen wir sofort wieder. Wir können uns auch Abstände nur schwer vorstellen und merken. Das hängt nicht nur mit der geringen Übungsmöglichkeit, die auch hier die Fertigkeit entwickeln würde, sondern auch mit der **«Raumschwelle»** (Distanzschwelle) zusammen. Diese bezeichnet den Abstand, den zwei Punkte haben müssen, um als zwei Punkte wahrgenommen zu werden. Er beträgt auf dem Rücken 60 mm (zum Vergleich: auf der Zunge 3 mm!).

Ein weiterer Grund liegt darin, dass beim Menschen zunächst alle **Geh-**, **Greif-** und **Blick**eroberungen **nach vorn** gerichtet sind; unser Blick schaut voraus, unser Gehen greift voraus usw.

Sprachbilder dazu:
*Sei **vor-sichtig!***
*Nimm **Rücksicht!***
*Für einmal waren die Eltern **nachsichtig.***
*Wir hatten das **Nachsehen.***

Eine weitere Schwierigkeit besteht darin, dass Rücken nie ganz flach sind, und gerade Striche, besonders waagrechte, daher leicht als Bogen empfunden werden. Das ändert aber nichts an der Tatsache, dass Kinder solche Übungen gern machen, vielleicht, weil sie ungewohnt sind, vielleicht, weil sich daraus eine Art Geheimschrift entwickeln lässt. Manche erzählen, dass sie am Sonntagmorgen, wenn sie ruhig sein müssten, dann solche Rückenzeichnungsspiele machten!

Aktiv spüren

Tasten

Eine andere Möglichkeit, um diese Richtungen zu erfahren, ist die folgende: aus **Wellkarton** werden Quadrate 8×8 cm ausgeschnitten, auf denen die Rillen senkrecht/waagrecht oder diagonal laufen. Je zwei, drei oder vier Quadrate werden nebeneinander auf Halbkarton aufgeklebt. Durch ein darübergelegtes Tuch ertasten die Kinder den Rillenverlauf.

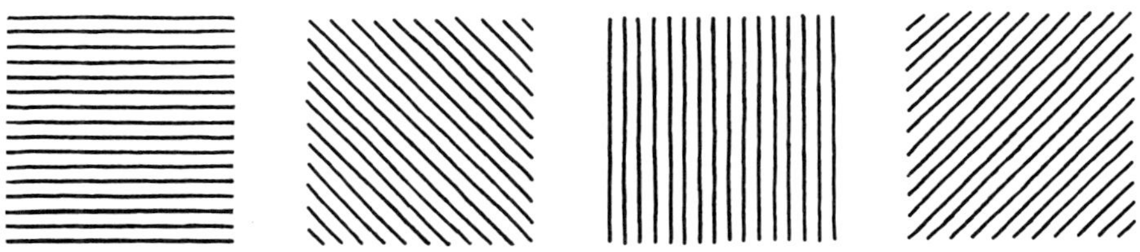

Mögliche Auflösungen

- Die einfachste: entsprechende (lose) Quadrate darunter legen und durch Hochheben des Tuches überprüfen
- Kinder, denen das Ertasten der Rillen Schwierigkeiten bereitet, legen Zahnstocher in die Zwischenräume, dadurch wird die Richtung sichtbar.
- In vorgezeichnete Quadrate die Rillen einzeichnen
- In vorgezeichnete Quadrate die Richtung eintragen (verbal)

Merk- und Speicherfähigkeit miteinbeziehen

Es gibt Kinder, die herausfinden wollen, wie viele Quadrate sie abtasten und dann in der richtigen Reihenfolge wiedergeben können. Durch das Aufdecken der Tücher kann jedes Kind seine Lösung selbst überprüfen.

Erwachsene sind oft erstaunt, wie leicht oder wie schwer es ihnen fällt, ***taktile Sequenzen*** *zu speichern.*

Wir können den Spiess auch umkehren:

Über den Begriff zuordnen

«Legt ein Quadrat mit waagrechten Rillen.» «Legt links schräg/senkrecht/rechts schräg.»

Am eigenen Körper erleben

mit Stäben, als Spiegelübung: der eine führt den Stab, der andere passt sofort an.

Ein Kind setzt sich (ohne Stab) auf den Boden und grätscht z.B. seine Beine. Es versucht mit seinem Rumpf, seinen Beinen oder seinen Armen immer andere Richtungen anzuzeigen, die das andere Kind mit dem Stab aufnimmt.

In der Literatur über Lese-Rechtschreibstörungen stösst man bei den Ursachen immer häufiger auf Ausfälle oder Defizite im taktil-kinästhetischen Bereich. Schwächen auf diesem Gebiet zeigen sich bereits bei fünf- und sechsjährigen Kindern. Mit gezielter Spielförderung könnten manchem Kinde schulische Misserfolge erspart bleiben, wenn dieser Bereich als der Grund-legende in Spiel- und Übungsabläufe miteinbezogen und systematisch gefördert würde. Schwächen müssen sich nicht zu Störungen auswachsen.

Gerade Linien

Übung

Auf dem Boden werden mehrere Reifen in ungleichen Abständen verteilt. Ein Kind stellt sich in einen Reifen und zeigt mit dem ausgestreckten Arm an, in welchen Reifen es gehen will. Die

Verbindung muss eine gerade Linie sein. Stillstehen – in die neue Richtung weisen – stillstehen . . . Mehrere Kinder sind gleichzeitig unterwegs. Das kann bedeuten, dass zwei oder drei Kinder sich im selben Reifen begegnen. Die zuschauende Gruppe beobachtet und greift ein, wenn die Regel nicht eingehalten wird. Die Rollen werden getauscht.

Strukturieren

Von seinem Platz aus denkt sich jedes Kind einen Weg aus, der alle Reifen miteinbezieht. Jeder Reifen darf nur einmal angegangen, keiner vergessen werden. Diese Übung bedingt **Planen, Strukturieren,** Vorausdenken, In-Beziehung-Setzen. Eine Schwierigkeit beim Ausführen des Planes besteht darin, dass während des Gehens die Übersicht verlorengeht. Durch den veränderten Standpunkt (ausserhalb – innerhalb) werden nur noch Ausschnitte wahrgenommen, das Ganze geht verloren. (Das hat auch im übertragenen Sinn Gültigkeit!)

Durch das Nachgehen eines Weges wird die visuelle Merkfähigkeit gefordert und gefördert.

Umsetzen vom Dreidimensionalen ins Zweidimensionale

Auf A4-Blättern finden die Kinder die Anordnung der Reifen gezeichnet. Mit Filzstiften erfinden sie verschiedene Möglichkeiten, alle Reifen in **einem** Durchgang zu verbinden. Jeder Weg hat einen anderen Anfangspunkt und wird mit einer andern Farbe gezeichnet.

Visuomotorik: Koordination Auge-Hand; Wahrnehmungs**konstanz**: Raum-Fläche, gross-klein, ich bewege mich – der Stift wird bewegt.

Gebogene Linien

Die Anordnung der Reifen wird beibehalten. Die Kinder bewegen sich mit ausgestreckten Armen – wie Segelflieger – um die Reifen.

- Sie kriechen auf dem Bauch um die Reifen wie Schlangen.
- Sie werden – in Rückenlage – von einem Kameraden an den Beinen um die Reifen gezogen. Je nach Unterlage ist es ratsam, die Hände oder ein Tuch unter den Kopf zu legen.
- Ein Kind führt ein anderes, das die Augen geschlossen hält, um die Reifen.

Auf einem neuen Blatt Papier mit der gleichen Kreisanordnung werden diese Linien aufgezeichnet.

Die beiden Bewegungsarten **verbinden** und **musikalisch führen:**

- Die gerade Linie mit einer Viertaktmelodie, die gebogene mit einem Drei- oder Fünftakt.

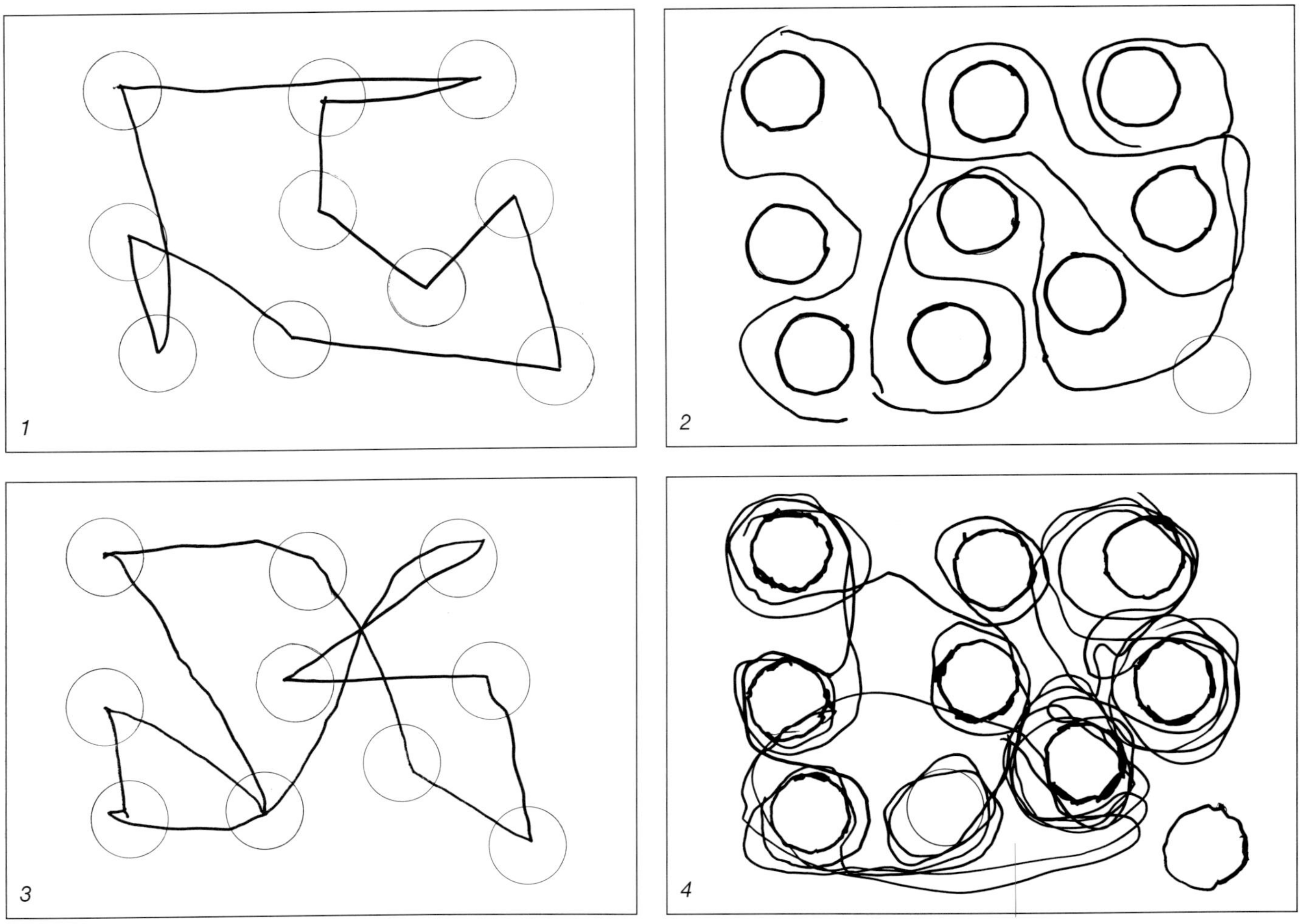

1/3
Mit dem Stift suchen die Kinder Möglichkeiten, ***alle*** *Reifen in einem Durchgang zu verbinden.*

2/4
Der Stift bewegt sich ***um*** *die Reifenkreise.*

- Die gerade Linie durch Staccato, die gebogene mit Legato.
- Die gerade Linie durch Akkorde, die gebogene Linie einstimmig linear.

Vorgängig: Jedes Kind entscheidet, wie es sich bewegen will, nach eigenem Gutdünken wechselt es in die andere Art. Es begleitet sich selber dabei mit der Stimme.

Formen erfinden aus gebogenen Linien

Alle nehmen sich ein (ca. 2 m langes) **Seil**, halten es an einem Knoten und ziehen es hinter sich her. Sie versuchen sich so zu bewegen, dass das Seil einen Strich bildet.

Das Seil liegt als Strich auf dem Boden. «Könnt ihr euch genau so daneben legen?» «Könnt ihr auf dem Seil balancieren, vorwärts und rückwärts?»

- In jeder Hand einen Knoten halten, das Seil soll den Boden berühren, hin- und hersteigen, das Seil hinlegen. Es entsteht, je nach Standpunkt: ein Tor, ein Halbkreis, ein U . . .
- Sich rückwärts bewegen und dabei das Seil am Boden schlängeln, plötzlich loslassen, so dass die Schlange am Boden liegt.

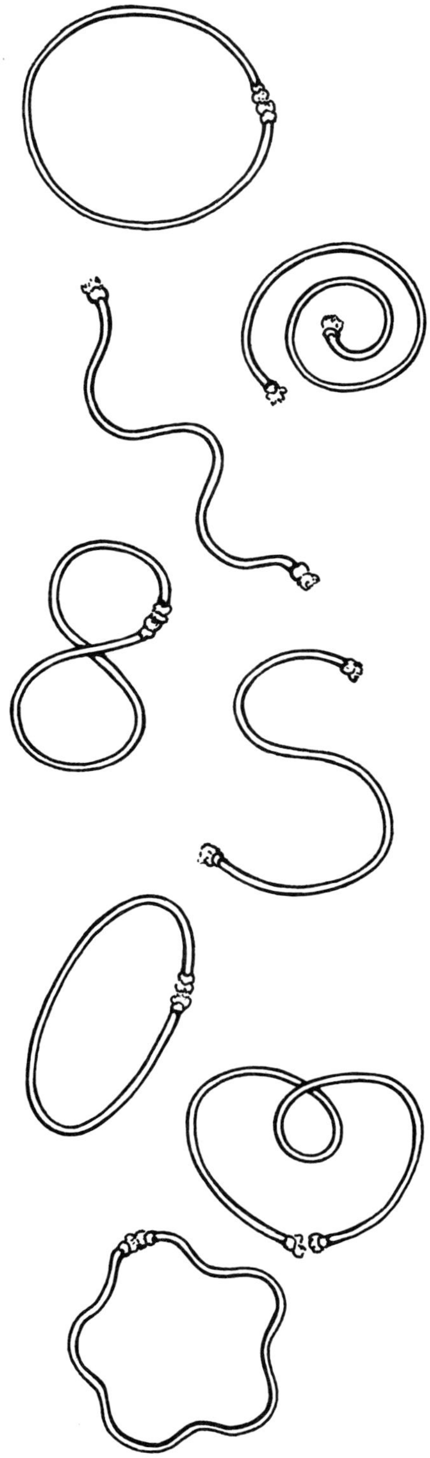

– Das Seil hinter sich herziehen, auf einen Gong- oder Beckenschlag versuchen, die Linie zu einem Kreis zu schliessen (gelingt gut mit Schwung auf einem Holzboden).

Jeder erfindet selber Formen. Es entstehen: Kreis, Schneckenlinie, Spirale, Wellenlinie, S, 8, Oval, Brezel, Halbkreis, freie Formen. Wir gehen mit einem neuen Seil von Form zu Form und versuchen, sie gleich nachzumachen.

Wiedererkennen
durch passiv Spüren

Partnerspiel: Jedes Paar erhält ein A4-Blatt, auf dem die verschiedenen Formen aufgezeichnet sind. Die Partner setzen sich hintereinander. Das hintere Kind zeichnet auf den Rücken seines Kameraden eine der Formen, das vordere zeigt sie auf dem Blatt. Rollentausch.

Aktiv spüren

Aus selbstklebendem Samtpapier die Formen ausschneiden und auf A4-Blätter kleben, jedes Blatt mit einem Tuch zudecken. Die Formen werden ertastet und aufgezeichnet.

Im Raum gehen

Statt sich die Lösungen zu zeigen, wird ein Kind aufgefordert, eine Form so gross als möglich im Raum zu gehen.

Formen auditiv erkennen

Die oben beschriebenen Formen sind auch eindeutig übers Gehör erkennbar. Die Orientierungshilfen heissen in diesem Fall:
näher kommen – sich entfernen
von der einen Seite zur anderen Seite

Die Kinder sitzen in einer Reihe. Sie merken sich den Ausgangspunkt des Gehenden und schliessen dann die Augen.

Ich erlebe immer wieder Kinder – sie sind in der Minderheit – denen sich das Besondere einer Form über das Gehör einprägt, die nach dieser Übung ganz sicher eine Gerade von einer gewellten Linie, eine offene und eine geschlossene Form, eine waagrecht verlaufende von einer senkrechten unterscheiden können.

Das Erleben und Einprägen von Formen über das
Spüren/Tasten
und Hören
und Bewegen
und das selbstverständliche Sehen
scheint mir wesentlich dazu beizutragen, dass Kinder auf einer **breiten Grundlage** Sicherheit gewinnen.

Formen – in einem Gedicht versteckt

Im Gedicht «Der Faden» von Josef Guggenmos verwandelt sich ein Strich aus Langeweile in verschiedene Formen. Für Unterstufenkinder ist es reizvoll, nach dem Anhören des Gedichtes diese Verwandlungen als Gruppenarbeit mit Seilen nachzuvollziehen.

Der Faden

Es war einmal ein Faden,
der lag da wie ein Strich.

Der lag da und langweilte sich.
«Was tu ich? Ich ringle mich!»

Er ringelte sich zur Spirale.
Und dann mit einem Male

machte er aus sich draus
eine Schnecke mit ihrem Haus.

Gleich wurde was Neues gemacht:
Heidiwitzka, eine 8!

Bald drauf eine Dickedull,
eine kugelrunde Null.

Dann noch, mit viel Geschick,
ein Fisch, ein Meisterstück!

«Was kann ich jetzt noch sein?»
dachte der Fisch. Da fiel ihm was ein.

«Ich schlängle mich als Schlange –
wenn wer kommt, dann wird ihm bange!»

Dass wer kommt –
drauf wartet er schon lange.

Josef Guggenmos
aus: Was denkt die Maus am Donnerstag
dtv Junior, 9. Auflage, Juni 1977, Seite 105

Formaufbau am Beispiel des Quadrats

Wie entsteht ein Quadrat?

Aus vier **gleich langen** Rhythmikseilen legen wir eine Gerade. Die Linie verläuft parallel zu einer Wand.

Bewegungsfantasie

Jedes Kind bewegt sich auf eigene Art von einem Ende zum andern. Die Gruppe schaut zu.

Beispiele

- **auf** dem Seil Fuss vor Fuss gehen
- **rückwärts** gehen, das Seil zwischen den Füssen
- mit geschlossenen Füssen **hin- und her**hüpfen

– sich auf dem Seil **seitwärts** bewegen; das wäre auch mit geschlossenen Augen als taktil-kinästhetische Übung möglich
– sich **bäuchlings** dem Seil entlangziehen

Einteilen – unterteilen; strukturieren – rhythmisieren

Mich interessiert, ob eines der Kinder von sich aus eine Beziehung herstellt zu den vier gleich langen Abschnitten, indem es z.B. die Seil**seite** wechselt. Ist dies nicht der Fall, weise ich die Gruppe darauf hin, dass ich absichtlich vier Seile aneinandergereiht habe, obwohl es einfacher wäre, ein einziges langes Seil hinzulegen. Ich fordere sie auf, durch ihre Bewegung sicht- und/oder hörbar zu machen, wenn ein neues Seil beginnt.

Mögliche Lösungen

– die Seil**seite** wechseln
– die **Richtung** ändern (vorwärts – rückwärts)
– die (Bewegungs)-**Ebene** ändern (Kauergang – Zehengang)
– die **Lautstärke** ändern (stampfen – leise gehen)
– auf einem Bein hüpfen – auf dem andern Bein hüpfen
– gehen und jeden Abschnitt mit einem andern Geräusch oder Ton begleiten.

Alle diese Beispiele stellen einen Bezug zu den einzelnen **Strecken** dar. Es gibt ausserdem die Möglichkeit, die **«Knotenpunkte»** zu betonen:

sichtbar

– durch Stillstehen
– durch eine ganze Drehung
– durch eine Kniebeuge
– . . .

hörbar

– durch Klatschen
– durch Stampfen
– durch einen Laut (Schnalzen, Pfiff)
– . . .

Koordination Füsse – Hände; Füsse – Stimme

Für einen Erstklässler ist es schwierig, gleichmässig zu gehen und dazu Betonungen zu setzen, ohne dass der Bewegungsfluss gestört wird. Er muss in diesem Fall die gegebene Strecke **einteilen** können; meist ergeben sich vier Schritte von einem Seil zum nächsten; interessanter wären allerdings fünf, weil dadurch abwechselnd der rechte und der linke Fuss den Anfang einer neuen Sequenz bezeichnen würden!

Er muss zweitens fähig sein, mit seiner Stimme oder mit seinen Händen Akzente zu setzen. Am schwersten fällt es den Kindern, die Betonung mit den Füssen zu geben, also zu stampfen. Ein Verändern (oder Umschalten) des Krafteinsatzes unter Beibehaltung der Schrittlänge setzt eine gute Beherrschung der Motorik voraus, über die noch nicht jeder Schulanfänger verfügt.

Als Hilfestellung für die einen und Erschwerung für andere Schüler können diese Akzente durch (Klang)Material gegeben werden, z.B. mit einem Ball oder einem Triangel oder einem Tamburin.

Formale Gliederung

Vom formalen Ablauf her teilen die meisten Kinder die vier Abschnitte in A-B-A-B ein, d.h. sie setzen zwei Merkmale gegeneinander: vorwärts und rückwärts, unten und oben, links und rechts, laut und leise usw.

Eine andere Aufteilung wäre A-B-B-A. Ich erinnere mich an ein Erstklassmädchen, das zu dieser Übung zwei Seile um die Handgelenke wickelte. Während des Gehens liess es diese langsam auf den Boden gleiten, bis die Knoten in der Mitte der Seilstrecke den Boden berührten, danach wickelte es sie wieder auf.

Durch die Lautlosigkeit übte dieses Beispiel eine ungeheure Faszination auf die zuschauenden Kinder aus. Das Ganze wirkte selbstverständlich und harmonisch. Das Kind hatte nicht etwa gerechnet 4:2 = 2, sondern war durch das wiederholte Tun, allein durch das mehrmalige Sich-den-Seilen-Entlangbewegen, auf diese eindrückliche Lösung gekommen.

Eine weitere Form wäre das **Crescendo** oder **Decrescendo:**

- sich auf einem, zwei, drei, vier «Beinen» bewegen
- im Kauergang beginnen und im Zehengang aufhören, kontinuierlich grösser werden
- Schritt**länge** verändern
- Lautstärke verändern beim Gehen und Begleiten
- ein-, zwei-, drei- und viersilbige Namen oder Wörter sprechen zum Gehen:

Rolf	Rolf	Rolf	Rolf	Viertel-Note
Peter	Peter	Peter	Peter	Achtel-Note
Michael	Michael	Michael	Michael	Triole
Annemarie	Annemarie	Annemarie	Annemarie	Sechzehntel-Note

- leise gehen, bei jedem Abschnitt **eine Spur** lauter werden (gestuftes Crescendo)

Zusammenfassung

In dieser ersten Sequenz sollen die Kinder mittels ihrer Fortbewegung erleben, dass das Ganze aus **vier gleichen Teilen** zusammengefügt ist. Der Begriff **gleich lang** wird von mir **nicht** genannt, die Erfahrung muss von den Schülern gemacht, d.h. erlebt – erkannt und benannt werden. Mein Ziel ist es, aus der gewonnenen Vielfalt an Möglichkeiten zurückzufinden zu einem metrischen, d.h. gleichmässigen Gehen, das durch das Setzen von Betonungen zu einem **Takt-Erlebnis** wird.

Wir legen einen Winkel

Die drei ersten Seile bleiben unverändert, das vierte legen wir in einem rechten Winkel dazu.

Als ergänzende Erfahrung für die Kinder versuchen sie, in Dreiergruppen, mit den eigenen Körpern Winkel zu bilden. Eines formt – durch Handanlegen oder über die Sprache – die beiden anderen, die auf dem Rücken am Boden liegen. Mögliche Berührungspunkte sind: Kopf an Kopf; Füsse an Füsse; Kopf an Füsse; über dem Kopf ausgestreckte Arme an Füsse . . .

Während des Ausprobierens stossen die Kinder auf zwei weitere wichtige Möglichkeiten: «Ein Kind kann doch auch **stehen.**» Die dritte Dimension wird einbezogen.

«Es sind gar nicht **zwei** Kinder nötig. Wir können mit unserem eigenen Körper Winkel bilden, weil wir **Gelenke** haben.»

Nun setzt ein Wetteifern ein, wer mit seinem Körper gleichzeitig am meisten Winkelstellungen zeigen kann. Machen wir daraus eine Spiegelübung – ein Kind stellt sich dem anderen gegenüber und imitiert die Haltung – so wird für das führende Kind seine Darstellungsweise **sichtbar** und damit **überprüfbar.**

Wieder zurück zu den Seilen:

Die Erfahrung im Statischen wird in einen Bewegungsablauf übertragen.

Die Anweisung lautet: «Sich dem Seil entlangbewegen, bis die Fussspitzen am Seilende angelangt sind. Hochspringen, sich in der Luft drehen, so dass die Füsse beim Aufsetzen wieder richtungsgleich mit dem Seil sind.» Das Entscheidende ist das Anhalten vor dem Drehsprung. Das Kind muss eine klare Vorstellung der neuen Richtung haben, bevor es springt: ich schaue zur Wand – ich drehe mich zum Fenster; ich schaue zum Fenster – ich drehe mich zur Wandtafel. Der Ansatz der Bewegung ist ein anderer, wenn die Bewegung zielgerichtet ist. Die Beziehung Raumachse – Körperachse schafft die Grundlage für die **Orientierung im Zweidimensionalen,** wie sie beim Zeichnen und Schreiben für das Kind relevant wird.

Die meisten Kinder ahnen jetzt und machen Vorschläge, wie die beiden Linien, die rechtwinklig zueinander stehen, weitergeführt werden könnten: «Wir machen noch zwei Ecken, dann haben wir ein Viereck.» (Jeder Gruppenleiter muss selber entscheiden, in welchem Zeitpunkt es sinnvoll ist, den Begriff Quadrat für das gleichseitige, rechtwinklige Viereck einzuführen.)

Erleben der vier gleichen Seitenlängen

An jede Ecke des Quadrates setzt sich ein Kind. Eines erhält eine Kugel, die es dem Seil entlang dem nächsten Kind zurollt. Die zuschauenden Kinder können das Rollen stimmlich begleiten, z.B. mit rrrrrrrr; oder der Ansatz des Rollens, das Aufsetzen der Kugel auf dem Boden, kann durch das Anschlagen eines Klangstabes begleitet werden, d.h. jedem rollenden Kind ist ein begleitendes zugesellt. (Dreiklang c e g c). Das ist bereits eine anspruchsvolle Gruppenaufgabe.

Vereinfachen

Eine **Büchse** zuschieben

Weiterführen, erschweren

Eine zweite, **andersfarbige** Kugel kommt dazu, so dass immer zwei Kugeln rollen, die von zwei Tönen begleitet werden. Und schliesslich: vier Kugeln rollen und werden von vier Tönen begleitet.

Die letzte Form stellt hohe Anforderungen an das gemeinsame Tun. Das Begleiten mit Klangstäben könnte abgelöst werden durch akkordisches Unterstützen auf dem Klavier.

Wiederholung gibt Sicherheit

Es dauert seine Zeit, bis die jeweilige Gruppe sich in einem ihr entsprechenden Tempo findet. Als nächstes wird das Spiel **unterbrochen,** wenn jedes Kind wieder seine (rote, blaue, gelbe, grüne) Kugel hat. Das bedeutet, dass der Gegenstand die Form **einmal** umrollt hat. Als **sicht**bares Zeichen dafür wird jetzt **anstelle des Unterbrechens** die Roll**richtung** geändert. Das setzt die volle Aufmerksamkeit **jedes** Spielers voraus. Gelingt der Wechsel mehrere Male, stellt sich bei der Gruppe ein grosses, spürbares Erfolgserlebnis ein.

Vier *Kugeln werden gleichzeitig gerollt.*

TANGRAM – das alte chinesische Formenspiel

Über das Quadrat – die Urform des Tangrams also – sagen die Chinesen einige recht interessante Dinge aus:

Das Quadrat ist so hoch und so breit wie ein Mensch mit ausgebreiteten Armen.

Das Quadrat steht in den ältesten Schriften und Felsinschriften für «Eingesperrtsein – Behausung – Niederlassung».

Das Quadrat hat mit seinen Strukturmöglichkeiten Künstlern und Architekten aller Zeiten und Stilrichtungen ein ebenmässiges Gerüst geboten, auf dem sich künstlerische Konstruktion aufbauen lässt; deshalb findet man durch die Jahrhunderte in allen Stilrichtungen bei allen Völkern das Quadrat.

Das Quadrat ist abänderbar in Dreiecke und Rechtecke, einfach indem man es zerschneidet und die Teile anders kombiniert.

Das Quadrat hatte, als magische Projektion des dreidimensionierten Raumes, die Kraft, vor Unheil zu schützen.

Das Quadrat bildet die Grundlage für viele alte Spiele, die es jetzt noch gibt, wie das Schach- und Damespiel.

Nach einem chinesischen Sprichwort ist die Unendlichkeit ein Quadrat ohne Ecken.

Das Quadrat ist die reinste Form, eine Fläche, in sich vollkommen, alle anderen Vierecke sind Rechtecke, die in der Form durch Unterschiede in Höhe und Breite abweichen.

Die chinesische Zerteilung des Quadrates – wie zum Beispiel das Tangram – bildet durch Umgruppierung der Elemente viele Hunderte von figurativen und abstrakten Formen.

Durch eine stets andere Anordnung derselben Formeinheiten versucht das Tangram, die Form selbst aufzuheben.

(Quelle unbekannt)

Aus dem Quadrat das Rechteck und das Dreieck entwickeln

Die beiden Formen Rechteck und Dreieck lassen sich auf einfache Art aus dem Quadrat entwickeln:

Rechteck

Zwei Quadrate werden aneinandergefügt und die trennenden Mittellinien entfernt.

Durch die Halbierung zweier paralleler Seiten entstehen zwei Rechtecke. Für die entstandene Form wählen kleine Kinder (im Vorschulalter) die Bezeichnung «Hochhaus» oder «Baracke», je nach der Lage der kurzen Seite.

Dreieck gleichseitig

Aus dem Quadrat nehme ich ein Seil weg und fordere die Kinder auf, die Form zu schliessen.

Dreieck gleichschenklig

Das Quadrat wird mittels der Diagonale geteilt.

Vom Umfang zur Fläche

Bis anhin haben wir uns ausschliesslich mit dem **Umfang,** mit der Begrenzung der drei Formen Quadrat, Rechteck und Dreieck

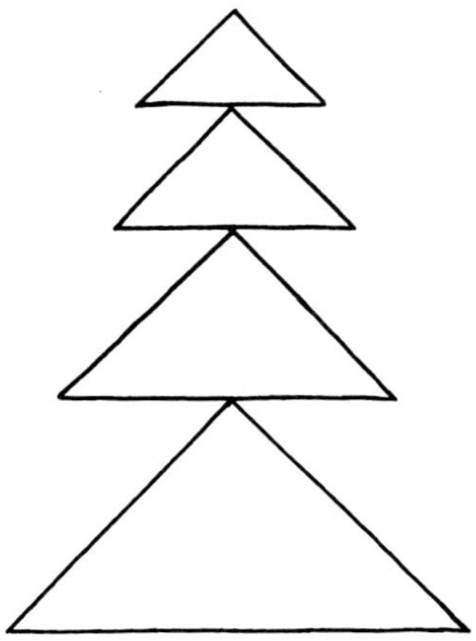

befasst. Wichtig scheint mir, dass die Kinder nun Gelegenheit haben, selber Formen in unterschiedlichen Grössen zu gestalten. Dazu eignen sich Rhythmiktücher.

Die Aufgabe besteht darin, ein Quadrat, ein Dreieck und ein Rechteck zu falten. «Könnt ihr jetzt auch ein **kleines** Quadrat, ein **kleines** Rechteck und ein **kleines** Dreieck falten?» Etwas Kopfzerbrechen bereitet vielleicht das Falten eines Dreiecks. Aus den Tüchern entstehen immer gleichschenklige; gleichseitige zu falten ist recht kompliziert und aufwendig.

Bilder erfinden mit Dreiecken

Je nach Sorgfalt und Geschicklichkeit entstehen vier bis fünf verschieden grosse Dreiecke. Manche Kinder fügen diese ohne Aufforderung zu Bildern zusammen:

- Sie legen sie der Grösse nach mit gemeinsamer Grundlinie **nebeneinander.**
- Die Dreiecke werden der Grösse nach auf der gemeinsamen Grundlinie **aufeinander** gelegt.
- Das jeweils nächstkleinere Dreieck wird in die Mitte des grösseren gelegt (Kriterium: ein gleich breiter Rand auf allen Seiten).
- Die Formen werden der Grösse nach übereinander gefügt mit einer gemeinsamen Mittellinie. «Das sieht aus wie eine Tanne.»
- Solche «Tannen» werden kombiniert: die Tannenspitzen bilden ein Quadrat, die Bäume wachsen in der Verlängerung der Mittellinie in die vier Himmelsrichtungen. «Jetzt sieht es grad aus wie ein Scherenschnitt», meinte ein Kind.

. . .

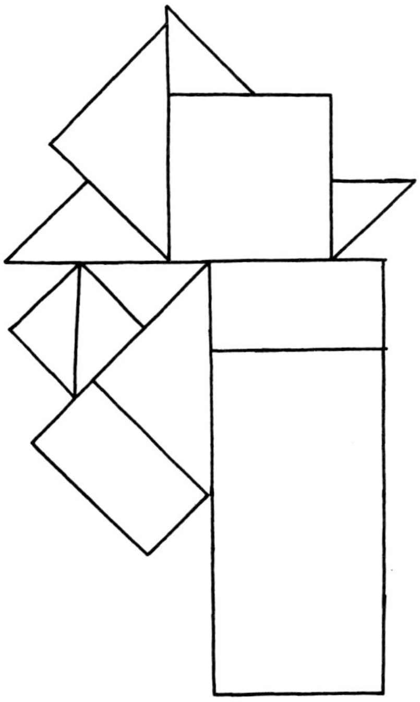

Als zusätzlich gestaltendes Element können bei diesen Tüchern die ***Farben*** *eingesetzt werden. Innerhalb einer Reihe werden die Farben abgestuft von hell nach dunkel oder umgekehrt. Während Erstklässler gern starke Farben nebeneinander setzen, entwickeln Zweit- und Drittklässler eine Vorliebe für Nuancen.*

Aus gleich grossen Dreiecktüchern ein **Windrad** zu legen, ist nicht ganz einfach, aber nach einigem Suchen stossen sie meist auf die Lösung. Es ist vorerst ein ungewohnter Anblick für die Kinder, dass die **Grundlinien** zum Mittelpunkt führen.

Die oben beschriebenen Bilder sind streng geordnet, sie wirken ornamental. Gelegentlich versuchen wir auch, aus allen verschieden grossen Dreiecken (aus ca. 60 Tüchern) ein Patchwork zu machen. Da kann es vorkommen, dass die Schlussform ebenfalls ein Dreieck darstellt, sehr zum Erstaunen aller Beteiligten, da man das doch gar nicht beabsichtigte!

Noch viefältiger wird das Gebilde, wenn wir Quadrate, Rechtecke und Dreiecke in unterschiedlichen Grössen zu einem Ganzen zusammenfügen. Auf die Kinder wirkt es sehr vertraut und selbstverständlich, wenn wir im Anschluss daran Paul Klees Bild «Burg mit Sonne» betrachten.

Formen selber zeichnen

Bis zum jetzigen Zeitpunkt wurden die Formen mit Material gelegt, aber noch nie gezeichnet. Der Weg dazu führt über die taktil-kinästhetische und über die auditive Wahrnehmung, nicht primär über das Abzeichnen.

Taktil-kinästhetische Wahrnehmung
Partnerspiel

Die Kinder stehen hintereinander. Das vordere Kind hält die Augen geschlossen und wird von seinem Kameraden an den Schultern um eine **imaginäre** Figur im Raum geführt: eine Wellenlinie, einen Kreis, eine Spirale, einen Zickzack, ein Dreieck, ein Rechteck . . . oder zusammengesetzte Formen: Ein Haus (Quadrat und Dreieck), einen Baum: Strich und Kreis (oder Rechteck und Kreis).

Auflösung

- Das geführte Kind läuft anschliessend die Figur im Raum ab.
- Es zeichnet die Form seinem Kameraden auf den Rücken.
- Es benennt die Form.
- Es führt das andere die gleiche Form.
- Es zeichnet die Form auf ein Blatt Papier.

Auditive Wahrnehmung
(eingeschränkt auf die geometrischen Grundformen)

Die Kinder sitzen am Boden oder in den Schulbänken, jedes hat ein Blatt Papier und einen Stift vor sich. Sie schliessen die Augen. Mit dem Finger zeichne ich eine Form auf das Fell eines Tamburins. Ich beginne mit dem Kreis. Dass die nicht unterbrochene Linie nur der Kreis sein kann, ist allen klar. Sie öffnen die Augen und zeichnen den Kreis auf ihr Blatt. Als nächstes hören sie: kurz-lang, kurz-lang. Auch das ist ihnen sofort verständlich. Nun hören sie drei gleich lange Striche für das Dreieck. Ein Erstklässler muss vielleicht zweimal hinhören, bis er den Unterschied von Dreieck und Quadrat auditiv wahrnimmt.

Vergrössern

Am Boden wird eine Packpapierbahn ausgerollt. Die Kinder verteilen sich auf beiden Seiten. Jedes zeichnet sich, in freier Anordnung und möglichst gross, die vier möglichen Formen mit einer

Wachsmalkreide oder mit einem Kohlestift vor. Dann schliessen sie die Augen und hören zu. Haben sie den Eindruck, die Form zu erkennen, zeichnen sie mit. Ich spiele auf dem Klavier: gebrochene Akkorde (Arpeggien) für den Kreis, einen langsamen Walzer für das Dreieck, kurz-lang für das Rechteck und vier gleich gewichtige Akkorde für das Quadrat. Im Tempo passe ich mich dem durchschnittlichen Zeichnungsrhythmus der Gruppe an.

Durch das Spielen mit unterschiedlichen ***Grössen*** *in verschiedenen* ***Ebenen*** *(waagrecht und senkrecht) sowie im* ***Drei-*** *und im* ***Zweidimensionalen*** *(im Raum und auf der Fläche) übt sich das Kind in der* ***Wahrnehmungskonstanz.***

Mimi Scheiblauer sagte einmal, Rhythmik machen, heisse Brükken bauen, d.h. was wir künstlich arrangieren mit künstlichem Material in einem geschützten Raum, müsste eines Tages in den Alltag übertragen werden. Auf den Umgang mit Formen umgesetzt, bedeutet das, dass meine Arbeit erst stimmig und sinnvoll ist, wenn den Kindern diese Formen in ihrer unmittelbaren Umgebung auffallen und sie gewahr werden, dass vielerorts z.B. Rechtecke zu finden sind. Je ganzheitlicher die Erfahrungen sind, die wir zur Verfügung halten, desto selbstverständlicher ergibt sich dieser Transfer.

Bilderbücher

Als Ergänzung seien noch zwei Bilderbücher erwähnt, die sich auf unterschiedliche Weise mit dem Thema befassen:

Eric Carle

Das Geheimnis der acht Zeichen. Felix findet eines Tages einen Brief mit geheimnisvollen Zeichen. Er versucht, Satz um Satz zu entziffern und auszuführen, und findet zuletzt eine Überraschung.

Stephen Lewis

Mein Autofrosch. Formen sehen und erkennen. Der amerikanische Fotograf hat sich in den Kopf gesetzt, Formen aus der Natur (am Beispiel von Tieren) in der Welt der Technik wiederzufinden. Die Resultate sind nicht nur für Kinder verblüffend!

Die ungewohnte Form: das Pentagramm

Zu griechisch pentàgrammos = mit fünf (Linien) geschrieben: fünfeckiger Stern, der in einem Zug mit fünf gleich langen Linien gezeichnet werden kann und im Volksglauben als Zeichen gegen Zauberei o.ä. gilt; Drudenfuss.
Duden, Deutsches Universalwörterbuch

Fünfstern – Fünfeck – Pentagramm
symbolisiert die Gestalt des Menschen mit ausgebreiteten Armen und Beinen; die integre Persönlichkeit; den menschlichen Mikrokosmos. Da der Fünfstern weder Anfang noch Ende hat, übernimmt er die Bedeutung, Macht und Vollkommenheit des ***Kreises.*** *Steht* ***Salus*** *an den fünf Ecken, so verkörpert er Gesundheit und die fünf Sinne. Wie der Kreis besitzt er die Kraft, böse Mächte und Elementargeister zu binden, daher bedeutet er Glück. Im Christentum steht er für* ***die fünf Wunden*** *Christi . . .*
J.C. Cooper, Illustriertes Lexikon der traditionellen Symbole

Rosette *im St. Stephansmünster zu Breisach (Diözese Freiburg i. Br.)*

Der Fünfstern *(Pentagramm). Im Volksmund auch Drudenfuss, wohl «der Fuss» (also das Grundzeichen ihrer Wissenschaft!) der Druden oder Hexen: Vereinzelte Gelehrte versuchten in diesem Wort sogar den Namen der keltischen Priester, der Druiden, zu finden.*

Die Magier, wie Agrippa von Nettesheim, zeichneten in den Fünfstern die Gestalt des bewussten Menschen: in die vier unteren Strahlen (Dreiecke) Arme und Beine, so ausgebreitet, als wolle der Dargestellte die Welt umfangen, in die Spitze nach oben das Haupt. Der Stern wird darum zum Zeichen der «Adepten» – dem «Stern der Magier», die glauben, durch ihr Wissen um die Gegebenheiten und Gesetze der meistens als Vierheit dargestellten Welt einen Weg zum glücklichen Dasein gefunden zu haben.
W. Bauer, Lexikon der Symbole

Kinder werden aufmerksam auf ***Fünfeck*** *und* ***Fünfstern:*** *Fussball und Mayonnaisetubenöffnung!*

Aus der **Literatur** bekannt ist der folgende Dialog aus Goethes **«Faust»**

Mephisto:	*Gesteh ich's nur! Dass ich hinausspaziere, Verbietet mir ein kleines Hindernis, Der Drudenfuss auf Eurer Schwelle –*
Faust:	*Das Pentagramma macht dir Pein? Ei, sage mir, du Sohn der Hölle, Wenn das dich bannt, wie kamst du denn herein? Wie ward ein solcher Geist betrogen!*
Mephisto:	*Beschaut es recht! es ist nicht gut gezogen; Der eine Winkel, der nach aussen zu, Ist, wie du siehst, ein wenig offen.*
Faust:	*Das hat der Zufall gut getroffen! Und mein Gefangener wärst denn du? Das ist von ungefähr gelungen!*
Mephisto:	*Der Pudel merkte nichts, als er hereingesprungen, Die Sache sieht jetzt anders aus; Der Teufel kann nicht aus dem Haus.*

Goethe, Faust 1. Teil
Studierzimmer

Vier oder fünf?

In unserer mitteleuropäischen Tradition ist es ungewohnt, dass fünf Teile sich zu einem Ganzen zusammenfügen. Wir orientieren uns nach **vier** Himmelsrichtungen. Den Jahreslauf unterteilen wir in **vier** Jahreszeiten. Seit Hippokrates unterscheidet man **vier** Temperamente, die zugleich als seelischer Ausdruck der **vier** Hauptsäfte des Körpers aufgefasst wurden: Sanguiniker: Blut, Melancholiker: schwarze Galle, Choleriker: gelbe Galle und Phlegmatiker: Schleim.

Den **vier** mal drei Sternzeichen ist je eines der **vier** Elemente zugeordnet: Wasser, Feuer, Erde und Luft.

Im Christentum kennen wir **vier** Evangelien, **vier** Evangelisten, **vier** Erzengel, **vier** Flüsse des Paradieses, **vier** Reiter der Apokalypse.

Die Psychologie spricht von **vier** Grundtugenden: Klugheit, Starkmut, Gerechtigkeit und Mässigkeit (und **sieben** Todsünden!). **Vier** ist die Zahl der Erde, des Körpers, **drei** die der Seele.

Vier und fünf in der Musik

Form

Einfache Kinderlieder sind meist aus **vier** Takten – oder einem Vielfachen von vier (acht, zwölf, vierundzwanzig) – zusammengesetzt:

4 Takte: Gugger uf em Breiteloh, rot, wie mängs Johr läbi no?
8 Takte: Roti Rösli im Garte
Es schneielet, es beielet
16 Takte: Det äne am Bärgli

Auch in grösseren musikalischen Formen wie der Sonate oder der Sinfonie bilden oft vier oder acht Takte ein Motiv, sie sind der kleinste Baustein, der kleinste musikalische Gedanke.

Dass **fünf** Takte eine Einheit bilden, ist ungewohnt. Das folgende Lied, dessen Herkunft mir nicht bekannt ist, ist aus zweimal fünf Takten zusammengesetzt:

Die Kinder versuchen, eine vorgegebene Form, die den jeweils fünf Takten des Liedes entspricht, zeichnerisch zu erfassen. Vorgängig hatten sie – auf der Packpapierbahn im Hintergrund – eigene Formen entwickelt.

Takt-Art

Bei den Taktarten sind uns der **gerade** Takt als $2/4$ und $4/4$ vertraut. Den ungeraden Takt erleben wir als $3/4$ und $3/8$ Takt. Der gerade Takt führt in eine **zielgerichtete Fortbewegung,** in eine **Gerade,** während der Dreitakt mit seinem Betonungswechsel rechts – links eine **schwingende** und **drehende/kreisende** Bewegung auslöst.

Der $5/4$ oder $5/8$ Takt ist in der slawischen Volks- und Kunstmusik heimisch. Aus der Schweiz ist mir ein einziges Lied im $5/8$ Takt bekannt, das Weihnachtslied: «Que Jésus est aimable» aus Savièse/ Evolène. Das Anhören oder Mitsingen einer Fünftaktmelodie weckt in uns ein asymmetrisches Bild, ähnlich einer Wiege mit unterschiedlich langen Kufen, die Bewegung «hinkt» für unser Empfinden, wir gliedern sie – unbewusst – in zwei und drei oder drei und zwei Einheiten.

Tonsystem – Skala: Pentatonik

Mit Pentatonik wird ein Tonsystem bezeichnet, das aus fünf (griechisch penta = fünf) Tönen besteht. Das wesentliche Merkmal ist die Skalenbildung mit dem Ganzton als kleinstem Intervall. In frühgeschichtlicher Zeit scheint die Pentatonik über weite Teile der Erde verbreitet gewesen zu sein: In China (französisch heisst Pentatonik: gamme chinoise) und Tibet, im Mittelmeerraum, aber auch bei den Lappen und den Indianern Amerikas ist sie nachweisbar. In Europa sind neben entsprechend gestimmten Instrumenten (z.B. Panflöte, Sackpfeife, Schalmei) pentatonische Melodien lebendig geblieben in der Volksmusik der Bretagne, im Baskenland, auf Sardinien, in Schottland u.a.m.

Die Bedeutung des pentatonischen Kinderliedes hat **Rudolf Steiner** wiederentdeckt. Aus der Tatsache, dass kleine Kinder instinktiv über pentatonischen Melodien improvisieren, leitet man die naturhaften Ursprünge dieser Skalen und ihre Beziehung zu einem frühen Stadium der geistigen und psychischen Entwicklung des Menschen ab.

Im Lehrmittel **«so – la – so – mi»** für die schweizerischen Kindergärten steht darüber:

Die Pentatonik hat Vorzüge für das Hineinwachsen in die Musik:

Ihr Tongeschlecht ist indifferent, Dur und Moll und Kirchentonarten.
Das Gehör wird für alles geschult.

Die Töne der Pentatonik stehen zueinander in freier Beziehung. Es besteht kein Gleit- und Leittonzwang. Dem Kind sind beim kreativen Melodiebilden keine einschränkenden Gebote gesetzt.

Die Töne bilden untereinander wohlklingende Akkorde und Intervalle. Alle Töne zusammen klingen wie ein Glockengeläute. Beim Improvisieren auf einem pentatonisch gestimmten Instrument gibt es harmonisch keine Probleme.
Für Melodien gibt es keinen Kadenzzwang, jeder Ton kann Schlusston sein.

Für Akkorde und Intervalle gibt es keinen Auflösungszwang, denn Pentatonik ist wie eine einzige Harmonie.

Dazu sei allerdings die ketzerische Frage erlaubt, ob die als «Vorzüge» gepriesenen Tatsachen nicht Probleme sind, die sich dem **Erwachsenen,** nicht aber dem musikalisch unvoreingenommenen Kind stellen. Aus einer unbegrenzten Offenheit wächst das Kind durch Manipulation in unsere europäische Tradition hinein, die Regeln setzt und dadurch eingrenzt. Sicher lassen sich die kindliche Stimme und das Gehör **schulen** über die Pentatonik. Musikerleben und -empfinden des Kindes umfassen aber einen sehr viel grösseren Raum, in dem andere Gesetzmässigkeiten gelten als bei uns (verbildeten) Erwachsenen. Allein um der Systematik und Methodik willen kommt uns die Pentatonik so gelegen. Ich bezweifle, ob sie die allein kindgemässe Möglichkeit ist.

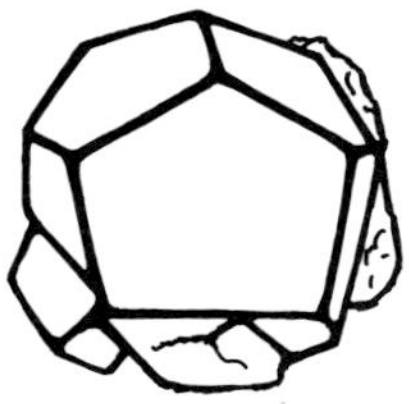

In der Sprache

Form: Kinderreime

Beim Durchblättern des Schweizer Standardwerkes «Kinderlied und Kinderspiel» von Gertrud Züricher stösst man auf Zweizeiler und einige Dreizeiler, sehr viele Vierzeiler, wenige Sechs- und Achtzeiler, und die Fünfzeiler muss man mit der Lupe suchen. Es gibt ein zur Musik analoges Bild.

Ynestäche, umeschla,
dürezie und abala.

Bimbeli bimbam borika,
Borika itariva,
Bimbeli bimbambum.

Öne töne to,
Gapernelle no,
Isabelle, Pumpernelle,
Ybeli, bybeli, pump.

I ha-n-ech welle singe,
Di Stimm wott mir nid gah;
Gät mer e Nöüjahrswegge
Mit sibenesibezg Egge,
Su chan-i wider gah.

Ellerli, sellerli, sygerli sa,
Rybedi, rabedi, knull.

Katheri, tue d'Hüener y
U la der Güggel loufe;
Mer wei ne morn verchoufe.

Domino,
Spring mer no!
Gib mer e Chlapf
Und louf dervo!

Schynt, schynt d'Sunne,
Z'Bärn über e Brunne,
Z'Eis übere Salestei,
Hüt chunnt üse-n-Ätti hei
U bringt e Sack voll Güetzi hei.

Borretsch

Phlox

Fünf Teile bilden ein Ganzes

Dazu fallen mir ein:

fünf Finger an jeder Hand
fünf Zehen an jedem Fuss
fünf Selbstlaute: A E I O U
fünf Sinne: Tast-, Geruch-, Geschmack-, Gehör- und Gesichtssinn.
fünf Körperhaltungen: liegen – sitzen – knien – stehen – hängen

Glockenblume

In der Pflanzenwelt finden sich viele Beispiele für fünfteilige Blüten und Blätter: Rosenblütler
Nachtschattengewächse: Tomaten, Tabak
Malve, Winde, Storchschnabel, Borretsch, Phlox, Glockenblume
Schneide ich einen Apfel (Rosenblütler) quer durch, werden die fünf Kammern, die das Kerngehäuse bilden, sternförmig sichtbar.

Malve

In einem anthroposophischen Buch lese ich: *Der Fünfstern, der jeder Rosenblüte eingezeichnet ist, war immer das Symbol der inkarnierten Menschengestalt. Der Engel der Verkündigung naht mit der Lilienblüte, die im Sechsstern das himmlische und das irdische Dreieck in der Durchdringung anzeigt. – Maria mit dem geborenen Kind aber sitzt im Rosenhag – «es ist ein Ros entsprungen aus einer Wurzel zart» singen wir am Heiligen Abend.*
aus: Werkbuch Advent
Verlag Freies Geistesleben, Stuttgart 1979

Winde

Die Form aufbauen

Wenn wir mit Kindern das Pentagramm entwickeln, geht es darum, eine Form, die sie bis anhin über das Gehör – als gesungene oder gesprochene Sprache – erlebt haben, sichtbar zu machen und durch die Bewegung in den Raum zu übertragen.

Ein möglicher Weg

Ein Kind legt sich in der Mitte des Raumes auf den Rücken. Es versucht, sich seine Mittelachse vorzustellen: «Liegt der Kopf in der Verlängerung der Wirbelsäule, oder neigt er sich zur einen oder anderen Seite hin?» Die Arme werden waagrecht, eher etwas nach unten, ausgestreckt. Die Beine liegen leicht gegrätscht. Durch Bauklötze (oder Büchsen) werden die fünf Endpunkte bezeichnet: der Kopf, die Mittelfinger, die Fersen. Das Kind steht so sorgfältig auf, dass diese Punkte sich nicht verschieben. Fünf Kinder stellen sich an die bezeichneten Orte und bewegen sich mit den aufgenommenen Gegenständen gleichzeitig und gleichmässig rückwärts mit der Vorstellung, das liegende Kind wachse sich zu einem Riesen aus. Sie stellen die Gegenstände auf den Boden. Die Gruppe macht Vorschläge, wie die fünf Punkte verbunden werden könnten. Mit einer Makrameeschnur ziehen wir die Linien und befestigen sie am Boden mit Malerabdeckband. «Wir können den Faden aussen herum spannen.»

Dass auf diese Weise das Fünf**eck,** das Penta**gon,** entsteht, erkennen die Kinder unschwer.

Sobald die Verbindung hin- und hergeführt und die Regel, wonach jeder Punkt nur einmal berührt wird, eingehalten wird, entwickelt sich das Pentagramm, der Fünfstern.

Ich habe noch nie eine Gruppe erlebt, die nicht von der Einfachheit der Lösung und der Klarheit und Schönheit der Form überrascht gewesen wäre.

Die Form ganzheitlich erleben

Um diese Form ganz in sich aufzunehmen, genügt die sichtbare Erfahrung nicht. Das Kind muss sie auch mittels seiner Bewegung, gehend im Raum, erleben und gestalten können. Vorerst bleibt es angewiesen auf das sichtbare Fadenskelett, dessen Entstehung wir beschrieben haben.

Möglichkeiten

Ein einzelnes Kind läuft die Sternform ab

Nach jedem Abschnitt hält es an und richtet sich auf die neue Richtung aus. Die zuschauenden Kinder begleiten das gehende **instrumental:**

Zu Beginn jeder Strecke wird ein Klangstab angeschlagen oder eine Saite gezupft oder gestrichen, wir wählen eine pentatonische Tonfolge, z.B. D E G A H

Pentatonisch gestimmte Instrumente, die für Kinder spielbar sind:

- *Klangstäbe (Sopran oder Tenor)*
- *Glockenspiele*
- *Rotta (eine Art Kantele, gezupft)*
- *Kinderharfe*
- *Leier*
- *Streichpsalter*

vokal

die einzelnen Schritte mit Singen oder Summen begleiten

Im Kanon gehen

Das zweite und die folgenden Kinder müssen nicht nur den Raumweg erkennen, sondern sich auch dem **Tempo** des ersten anpassen. Fürs erste wäre es hilfreich, wenn das Tempo vom Klavier übernommen und erst bei grösserer Sicherheit der Kinder auf einzelne Spieler oder Sänger übertragen würde.

Jedes gehende Kind wird von einem zuschauenden begleitet: «Philipp, ich spiele für dich, dieser Ton gehört zu dir.»

Gleichzeitig gehen

Zu jeder Sternzacke stellt sich ein Kind. Die Gruppe vereinbart die Richtung und geht den Weg gleichzeitig. Haben die jeweils fünf Kinder sich in einem Schrittmass gefunden, können sie die Sternform ablaufen, ohne sich zu behindern. Auch die Zuschauer sind erstaunt, dass sich fünf Kinder gleichzeitig bewegen können, dass sich ihre Wege kreuzen, ohne dass sie sich dabei in die Quere kommen. Die Bewegungen sind **zielgerichtet** und ergeben einen harmonischen und organischen Gesamteindruck, der sicht- und spürbar wird.

Wiederholung gibt Sicherheit

Durch die Wiederholung des Ablaufs auf immer andere Art (allein, im Kanon, als Gruppe, mit/ohne Begleitung) wächst die Sicherheit und macht das Fadengerüst überflüssig. Die Kinder haben ein Gespür entwickelt für die Lage und die Abstände der Endpunkte und finden den Weg, wenn die Linien wegfallen und nur noch die Punkte angegeben sind.

Varianten

- Statt begleitet zu werden, singt jedes Kind auf seiner Sternwanderung die fünf Vokale in einer zuvor vereinbarten Reihenfolge.

– Der Stern wird im Dunkeln, mit (Rechaud-)Kerzen gegangen; das setzt voraus, dass jeder einzelne den Weg «weiss», d.h. verinnerlicht hat.
Die Lautlosigkeit und die durch das lebendige Licht bedingte langsame Bewegung machen das Besondere dieser Form aus.

Raumachse – Körperachse

Eine letzte Erschwerung bildet die Vorschrift, die Körperachse während des ganzen Ablaufs **nicht** zu verändern. Das bedeutet, dass ich mich nach
links schräg vorwärts bewege
nach rechts schräg rückwärts
nach links seitwärts
nach rechts schräg vorwärts
und nach links schräg rückwärts
zum Ausgangspunkt zurück.

Dieser ganze Ablauf soll **tänzerisch** werden, die neu einzuschlagende Richtung muss voraus empfunden (= bewusst) sein, damit sie selbstverständlich wirkt.

Jede Lehrkraft entscheide selber, welche der beschriebenen Formen für ihre Gruppe sinnvoll sind. In der Regel beginne ich diesen Zyklus mit Erstklässlern.

Verkleinern: die Form selber **zeichnen.** Nach diesen vielfältigen Erfahrungen im Raum müsste es möglich sein, den Stern frei zu zeichnen, vielleicht zeichnet man sich auf dem Blatt die fünf Anhaltspunkte.

Zum Zeichnen kann das Lied: «Wenn niemer wott singe . . .» gesungen werden. Oder, um wieder zurückzufinden in unsere gerade, vierteilige Welt: aus Delémont stammt das nachfolgende Schlaflied, das aus fünf-vier-fünf Takten zusammengesetzt ist und somit eine Mischform darstellt.

Schlaflied aus Delémont

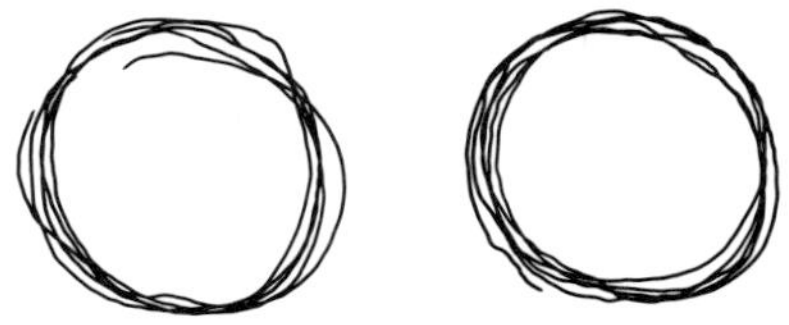

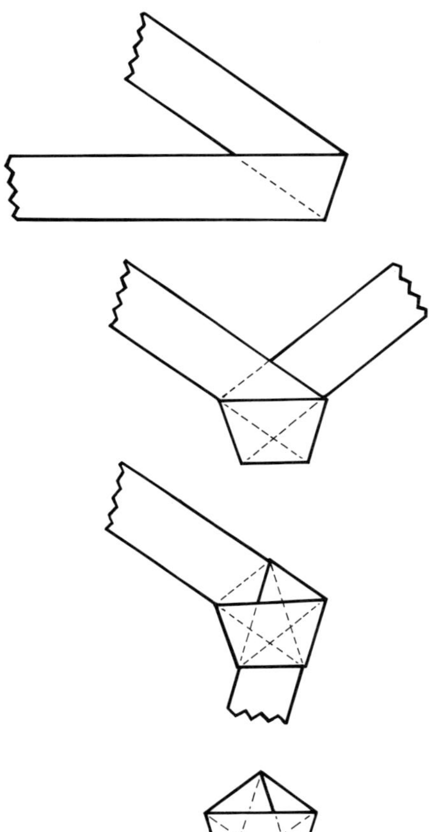

Hugo Kükelhaus berichtet von einer anderen Entstehung des Pentagramms: *Dass in jedem* ***Knoten*** *das Geheimnis des uralt-heiligen Zeichens, des Fünfsterns, des Pentagramms, verborgen liegt, ist eine überraschende Entdeckung.*

Wie aber kommt eine Schlingung zustande? Nur ein einziger Vorgang ermöglicht sie: das Band, welches verschlungen werden soll, muss aus der ***Fläche*** *heraustreten, sich durch den Raum bewegen, um dann wieder in die Fläche zurückzutreten. Jede Schlingung und jede Knotung hat einen Weg von der Fläche durch den Raum zur Fläche hinter sich. Wenn wir in der Gebärde in dieser Weise den Weg der Schlinge aus der Fläche durch den Raum in die Fläche zum Punkt begleiten, so haben wir den Werdegang des Fünfecks erlebt und selber erschaffen.*
aus: Urzahl und Gebärde (S. 123)

Auf folgende Art lässt sich das Beschriebene für Kinder nachvollziehen: In einen ungefähr zwei Zentimeter breiten und zwanzig Zentimeter langen Pergamin- oder Seidenpapierstreifen machen wir einen **Knoten.** Beim Flachdrücken des Knotens achten wir darauf, dass die Ecken schön spitz werden. Das eine Ende schneiden wir der Fünfeckkante entlang ab, das andere Ende falten wir nach hinten um und kleben es leicht an. Gegen das Licht gehalten, am Fenster befestigt, werden das Pentagramm sowie das kleine und das grosse Pentagon sichtbar.

Ein Erstklässler berichtete: «Ich habe das Pentagramm in eine Ecke des Schlafzimmerfensters geklebt, jetzt habe ich keine bösen Träume mehr; das hilft nämlich, mein Vater hat das auch gesagt.»

0500 1000
4
5
6
7
8
9
10
11
12
13
Sitzung
Schule
Sitzung
Sitzung
41

Die Dimension der Zeit

Alle Übungen mit dem Element der Zeit beeinflussen die Bewegung. Sie strukturieren – regulieren – ordnen.

Metrum oder Puls ist ein **Zeitmass.** Es ist eine Folge gleich langer und gleich starker Schläge.

Beispiele

Metrum schlagen oder klopfen

Sitzkreis, jedes Kind hat ein Paar Schlaghölzer. Je jünger das Kind ist, desto spontaner beginnt es mit seinen Hölzern zu schlagen. Oft pendelt die Gruppe in ein gemeinsames Tempo ein.

Ein einzelnes Kind wird aufgefordert zu schlagen, wie es will. Die andern hören vorerst zu und versuchen dann, das Tempo zu übernehmen.

Die Tendenz, schneller zu werden, ist allgemein bekannt! Es werden viele verschiedene Tempi gesammelt. Für Vorschulkinder sind langsame Tempi ungewohnt und sehr schwierig umzusetzen.

Statt der Schlaghölzer können bei Schülern der Mittelstufe und älteren auch gut springende Bälle eingesetzt werden.

Weiterführen

Alle schliessen die Augen und hören auf die Hölzer. Wenn sie das Tempo innerlich spüren, klopfen sie mit. Der Unterbruch kann so angezeigt werden, dass das vormachende Kind eines seiner Hölzchen fallen lässt. Daraufhin übernimmt ein anderes die Führung.

Wechselspiel solo – tutti

Ein Kind gibt ein Metrum vor, die anderen versuchen, dieses Tempo wahrzunehmen. Sobald das spielende Kind unterbricht, setzt die Gruppe ein. Gelingt das ohne «Loch»?

Setzt ein gemässigtes Tempo sowie eine hohe Aufmerksamkeit und Reaktionsfähigkeit voraus!

Das Spiel kann auch paarweise gespielt werden.

Das Metrum weitergeben

Das Metrum wandert reihum, jeder schlägt **einmal,** bis sich allmählich eine ebenmässige Bewegung einstellt.

Klatschen *ergibt einen weniger präzisen Schlag als das Klopfen mit den Hölzern. Auch da sind Lautstärken und vor allem Klangfarben kaum einander anzugleichen, es bleiben immer Unterschiede bestehen.*

Wird die nächste Runde mit geschlossenen Augen gespielt, was einigen Kindern die Aufgabe erleichtert, wird deutlich hörbar, wie der Klang **wandert:** näher kommt und sich wieder entfernt.

Weiterzählen . . . Die Gruppe zählt laut in einem vorgegebenen Tempo. Auf ein vereinbartes Zeichen zählt jedes still für sich weiter. Auf ein erneutes Zeichen unterbrechen alle, und jedes nennt die Zahl, bei der es eben mit Zählen angelangt ist.

Wird im Sekundenabstand gezählt und die Reihe bis 50 oder 60 geführt, werden die individuellen Tempi klar ersichtlich. Zur objektiven Überprüfung kann ein Metronom mit Lichtimpuls eingesetzt werden.

(ab 2./3. Klasse)

Lochkartenspiel (ab 5./6. Klasse) Voraussetzung: Tempi müssen sicher abgenommen und ohne Unterbruch weitergeführt werden können.

Alle schliessen die Augen. Jeder Spieler hat ein Paar Schlaghölzer. Jeder denkt sich eine Zahl zwischen Zwei und Neun. Der Spielleiter beginnt auf seinen Hölzern ein Metrum zu schlagen. Sobald er abbricht, setzt jeder Spieler lautlos mit Zählen bei eins ein, erreicht er die im voraus gedachte Zahl, macht er sie durch einen Schlag hörbar und beginnt wieder bei eins zu zählen. Das vorerst zufällig scheinende Klangbild verdichtet sich mit zunehmender Spieldauer zu einem Gesamtmuster, das jedem einzelnen seinen bestimmten Platz sichert.

Das Hörbild kann in ein **graphisches Bild** umgesetzt werden. Es stellt übrigens den Begriff kgV (kleinstes gemeinsames Vielfaches) dar, die leerstehenden oder ausgesparten Schläge stehen für die Primzahlen.

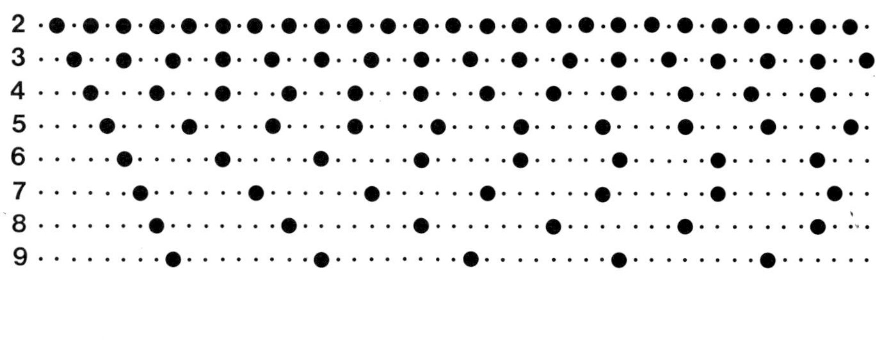

Das rhythmisch/graphische Bild kann in ein melodisches umgesetzt werden.

Vor Jahren bekam ich einmal ein «Riesen-Pling-Plong» geschenkt. Das ist eine Art mechanischer Spieldose (8 × 11 cm gross). Dazu gehören einige Kompositions-Karten, d.h. 43 cm lange Halbkartonstreifen mit einer bis über 20 Töne reichenden Do-Re-Mi-Einteilung. Schwarze Punkte markieren die zu lochenden Stellen, damit anschliessend bekannte Melodien ertönen sollen: «Schlaf, Kindchen, schlaf, Bearbeitung in C-Dur.» Auf einen solchen Streifen übertrug ich das obenstehende Bild und drehte es erwartungsvoll durch das Pling-Plong. Das Klangbild überraschte und erheiterte mich und liess mich sofort nach anderen Möglichkeiten suchen: Ich drehte den Lochstreifen um, schob ihn umgekehrt durch das Pling-Plong, so dass die Zweiereinteilung, die ursprünglich von den hohen Tönen gespielt wurde, nun im Bass ertönte. Ich hatte eine völlig neue Melodie. Aus Neugierde probierte ich weiter, lochte die Zweiereinteilung in der Mittellage, ignorierte die Spannungstöne fa und ti, vermied Oktavierungen usw. Als ich – nach langer Zeit! – das Riesen-Pling-Plong in die Schachtel zurücklegte, fiel mir die Aufschrift auf: «Hiermit können Sie eigene Opern basteln»; und neben der Kompositionskarte ist vermerkt: «Computer music». Das Aha-Erlebnis war erreicht.

Erlebnismöglichkeit
für Unterstufen- und evtl. Kindergartenkinder.

Im Raum verteilt liegen verschiedenfarbige Tücher, unter denen etwas versteckt ist. Auf die Frage, wie sie herausfinden könnten, was darunter liegt, schlagen Kinder vor:
«Das Tuch einfach wegnehmen.»
«Mit den Händen spüren, abtasten.»
«Vielleicht riecht man, was darunter ist.» (Das wäre durchaus möglich, z.B. bei Luftballons.)
«Vielleicht tönt es, ganz leise.»

«Also, probiert einmal aus, zuerst hören, dann riechen, dann abtasten.» Unter einem oder zwei Tüchern liegen verschieden grosse Wecker, die unterschiedlich laut und schnell ticken. Sobald ein Kind dieses ihm sehr vertraute Geräusch wahrnimmt, beginnt es zu strahlen, rennt gleich zur nächsten Station, um sich dann enttäuscht abzuwenden, wenn es da nichts hört.

Uhrenladen spielen

Wir versuchen verschiedene Tickgeräusche mit unserer Stimme nachzuahmen. «Wie tönt dein Wecker?» «Wer kann eine Swatch nachmachen?» «Wer hat zu Hause eine Standuhr, wie bei den sieben Geisslein?» Die Bewegung des Pendels wird mit dem ganzen Körper aufgenommen.

Meist kommen Kinder während dieses Spiels von selbst darauf, dass wir Menschen auch etwas haben, das ständig tickt oder klopft. Sie suchen gegenseitig die Herztöne zu hören. Das Erlebnis wird noch intensiver, wenn mittels eines Stethoskops die Töne verstärkt werden können. Sicher weist dann ein Kind auf den **Puls** hin und weiss sogar, wo er überall spür- und/oder sichtbar ist.

Es gibt immer wieder Kinder, die erschrecken und Angst bekommen, wenn sie merken, dass etwas in ihrem Körper klopft.

Ich lasse dann die Kinder eine Weile, so schnell sie können, herumrennen. Wenn sie anhalten, merken sie ganz von selbst, dass ihr Herz jetzt viel schneller schlägt und auch der Puls rast. «Und wenn du jetzt mit dem Wecker herumrennst, tickt der dann auch schneller, probier einmal!»

Ein sehr lebhaftes Kindergartenkind sass mit einem Mal sehr nachdenklich da und meinte, sogar etwas verlegen: «Manchmal schlägt das Herz auch schneller, wenn man gar nicht gerannt ist . . .» Die andern hörten gespannt und erwartungsvoll zu. Einige schienen zu merken, was Gregor dann aussprach: «Wenn ich zum Beispiel Angst habe vor etwas, vor dem Zahnarzt oder so . . . oder wenn ich etwas gemacht habe, das ich nicht darf, dann pöpperlet das Herz auch stärker.»

Metrum in der Fortbewegung
Übung (ab Mittelstufe)

Jeder Schüler sucht sich ein Schrittempo, in dem er sich wohlfühlt. Die ganze Gruppe bewegt sich gleichzeitig, aber unabhängig, im Raum. Hat der Gruppenleiter das Gefühl, dass alle sich in einem ihnen gemässen Tempo gefunden haben, greift er ein:
«Versucht, das ruhigste Tempo, das ihr wahrnehmen könnt, aufzunehmen.»
«Geht in euer eigenes Tempo zurück.»
«Übernehmt jetzt das schnellste Tempo, das in diesem Raum ist.»
«Geht in euer eigenes, ursprüngliches Tempo zurück.»
«Findet ihr euch in einem gemeinsamen Tempo?»
«Sucht wiederum euer eigenes.»
Die Anweisungen werden in die Bewegung gesprochen, diese wird während der ganzen Übung nie unterbrochen.

Das eigene Metrum wahrnehmen
Bewegen – spüren – hören

Jeder Schüler bewegt sich in seinem eigenen Tempo. Es braucht seine Zeit, bis der einzelne sich eingependelt hat. Dem Beobachtenden teilt sich die Sicherheit mit, jede Gangart bekommt etwas Selbstverständliches. Der Gruppenleiter beginnt auf einer Handtrommel, auf einer Pauke, mit Schlaghölzern, einen Schüler in seinem Tempo zu begleiten. Nach einer Weile bricht er ab, wartet eine Weile, um dann ein anderes Metrum hörbar zu machen.

Ist sich der einzelne Schüler seines Tempos so sicher, dass er durch das Ertönen eines fremden sich nicht beirren lässt, hält er irritiert inne, oder fällt er «automatisch» in das hörbare Tempo?

Gehen – stehen – gehen

Alle bewegen sich in einem frei gewählten Tempo. Sie versuchen, gleich viele Zeiten zu gehen wie stillzustehen. Erst mit der Zeit wird der Wechsel selbstverständlich, ist in der Fortbewegung das Stehen bereits eingeplant und sichtbar. Anfänglich wirkt das Anhalten abrupt, und das Wiedereinsetzen geschieht mit einem Ruck.

Mit wachsender Sicherheit können **formale** Gesichtspunkte miteinbezogen werden, z.B. eine Verkürzung: 6 Schritte gehen, 6 × stehen, 5/5, 4/4, 3/3, 2/2, 1/1.

Vielleicht drängt sich auch eine Zwischenstufe auf: ein Wechsel zwischen **Gehen** und **Klatschen** und **Stehen**.

Lässt man Schüler oder Erwachsene, die sich über längere Zeit in einem eigenen Tempo bewegt haben, ihren Puls fühlen, stellt sich häufig eine Übereinstimmung von Schrittempo und Puls heraus, was – bei einigem Nachdenken – gar nicht so sonderbar ist.

«Koordinierte Unabhängigkeit»

Spiel in zwei Gruppen: Die Schüler der einen Gruppe stellen sich in eine Reihe, die anderen stehen ausserhalb. In der ersten Gruppe stellt sich jeder Schüler auf ein bestimmtes Metrum ein, das er, auf ein optisches Zeichen hin, in Bewegung umsetzt. Jeder bewegt sich auf einer geraden Linie von einer Wand zur gegenüberliegenden. Die Bewegung erfolgt in einem Einbahnsystem, der Rückweg ist individuell.

Die Gruppen werden ausgewechselt.

Verändern

- Jeder gehende wird von einem aussenstehenden Schüler **stimmlich** begleitet.
- Das Zeichen zum Weggehen wird nicht mehr von aussen gegeben, die Gruppe bestimmt selber (aber ohne Worte!).
- Wie könnt ihr gemeinsam starten **und** gemeinsam ankommen ohne das Tempo, die Schrittlänge und den direkten Weg zu verändern?

Die Lösung bedingt das Einbeziehen des Rückwärtsgehens, wobei derjenige, der das langsamste Tempo hat, der einzige ist, der sich stetig vorwärts bewegt, die übrigen pendeln zwischen Vor- und Rückwärtsgehen.

Einige der beschriebenen Übungen haben einen weiteren Schwerpunkt im sozialen Bereich. Hier geht es darum, wahrzunehmen, in welchem Tempo sich die andern bewegen, und darauf zu reagieren. D.h. die Übungen setzen Empfänglichkeit für soziale Kommunikation voraus.

Ein Metrum, einen Puls erkennen in der Musik

Das geschieht meist, schon bei ganz kleinen Kindern, **unwillkürlich**; sobald von irgendwoher Musik ertönt, «schlagen wir den Takt dazu», tippen mit der Fussspitze auf den Boden oder klopfen mit den Fingern auf die Tischplatte, nicken mit dem Kopf oder wiegen den Oberkörper hin und her – die Beispiele liessen sich vermehren. Ins Groteske verkehrt wirkt es auf uns, wenn wir in einem öffentlichen Verkehrsmittel z.B. einen walk-man-tragenden Fahrgast sehen, der verzückt mit irgend einem Körperteil zuckt, ohne dass für uns die Klangquelle hörbar ist.

Lied

«Chasch de witergäh ohni en Falsche z'näh»

Sitzkreis: Ich singe das Lied vor und fordere die Kinder auf, mich mit Klatschen zu begleiten. Trotz dem punktierten Rhythmus im zweiten Teil gibt es dabei keine Schwierigkeit. Wir wählen ein anderes Metrum, schneller oder langsamer als das ursprüngliche. «Vielleicht können wir sogar gehen und klatschen und singen?» Statt zu klatschen, geben wir uns, wie es im Text heisst, Gegenstände weiter, z.B. handliche, grosse Steine.

Ablauf

Sitzkreis. Vor jedem Kind liegt ein farbiges, gefaltetes Tuch. Auf jedem Tuch liegt ein Stein. Alle geben mit der **rechten** Hand ihren Stein nach **rechts** weiter. Statt zu singen, **spreche** ich vorerst: «und witergäh und witergäh und . . .» Mit der Stimme kann ich mittels Betonung den Bewegungsablauf steuern, durch Tempoabweichungen mich den einzelnen Kindern anpassen. Stimmen Nehmen und Geben mit der Zeit überein, versuchen wir dasselbe mit der linken Hand nach links. Das Sprechen wird durch eine Melodie ersetzt. Wer merkt, dass mit dem Melodieschluss sich auch der Bewegungsablauf schliesst und mit dem Neubeginn auch Richtung bzw. Hand wechselt?

Erst wenn sich das eingespielt hat, singen wir das «Stein-Lied» dazu. Die Reaktionen sind dabei zweigeteilt: für die einen läuft es selbstverständlicher, wenn sie dazu singen können (kleine Kinder begleiten sich ja auch oft mit Singen oder einem Singsang bei ihren Spielen); andere sind überfordert, wenn sie hantieren **und** singen müssen.

Aber es gibt Gruppen, bei denen das Spiel läuft, ohne Panne und ganz natürlich. Damit es nicht langweilig wird, setzen wir eine **Folge** zusammen:
das erste Mal wandert der Stein nach rechts,
das zweite Mal nach links,
das dritte Mal wieder nach rechts.
(Das bedeutet, dass wir das Lied dreimal singen.)

Was sich scheinbar so selbstverständlich anhört, erweist sich in der Praxis immer wieder als schwierig, fast unlösbar. Warum? Ich denke, es hängt damit zusammen, dass sich die meisten Kinder beim Anhören der Anleitung nicht ***vorstellen,*** *was beim Wechsel eigentlich passiert. Aus den Wörtern entstehen keine Bilder. Aus dem Gehörten formen sich keine Vorstellungen. Deshalb kann auch die Bewegung nicht geplant werden. Es bedeutet bereits eine Hilfestellung, wenn Kinder sich die Anweisung mit geschlossenen Augen anhören und «bis in die Hände denken».*

Lautet die nächste Spielanleitung dann:
nach links – nach links – nach rechts,
ist die Unordnung bereits vorprogrammiert, weil viele sich jetzt auf einen Wechsel nach **jedem** Mal eingestellt haben! (Das ist auch bei Erwachsenen so.)

Erschweren

Jeder Spieler hat **zwei** Steine, der eine liegt **auf** dem Tuch, der andere **oben** bei der Spitze. Die rechte Hand gibt den Spitzstein nach rechts zur Spitze weiter, die linke Hand legt den Tuchstein nach links aufs Nachbartuch. Beide Hände bewegen sich **gleichzeitig** (das ist einfacher als nacheinander!). Es entsteht ein Öffnen und Schliessen (der Hände und Unterarme), das ergibt ein faszinierendes Gesamtbild.

Es lassen sich, je nach Alter, viele Varianten finden. Die Gruppe kann in Paare aufgelöst werden. Zu zweit ergeben sich Kombinationen, die im Kreis nicht möglich sind oder die den besonderen Fähigkeiten der Spielenden entsprechen und bei den Zuschauern Erstaunen und Verblüffung auslösen (können). Allen diesen Spielformen gemeinsam ist, dass sie sich immer in den Raster des Metrums einfügen.

Verschiedene Tempi zueinander in Beziehung setzen und so spielerisch zu Notenwerten finden

Reifenweg

Acht Reifen werden so in eine Gerade gelegt, dass sich die Ränder berühren. Die Kinder sitzen zu beiden Seiten. Ein Kind bewegt sich durch diesen Reifenweg, indem es mit jedem Schritt einen Reifen weiter kommt. Jedes geht in seinem eigenen Tempo, versucht dieses jedoch durchzuhalten.

Einsetzen

Das Tempo wird übernommen: Mit dem letzten Schritt **aus** dem Reifen, setzt das folgende Kind den Schritt in den ersten. Die Abstände werden verkürzt: nach dem vierten Reifen einsetzen, nach jedem zweiten.

Das **Tempo** kann von **einer Gruppe** von Kindern (mit Handtrommeln oder Schlaghölzern) oder von **einem Spieler** (auf der Pauke) oder vom **Gruppenleiter** (auf dem Klavier) zur Unterstützung gespielt werden.

Die gehenden Kinder können sich selber **mit Klatschen** begleiten oder/und **mit Sprechen** (eines einsilbigen Namens: Ruth, Urs, Max, Rolf . . . oder eines einsilbigen Wortes: lauf (schweizerdeutsch für gehen).

Wenn ich das aufzeichne, entsteht folgendes Bild:

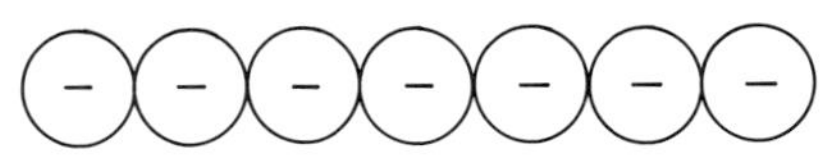

Werden in jeden Reifen **zwei** Schritte gesetzt, mit zweisilbigen Namen begleitet: Kathrin, Felix, Anna, Mathis . . . oder mit der Tätigkeit: springe springe springe (schweizerdeutsch für laufen), sieht das Bild so aus:

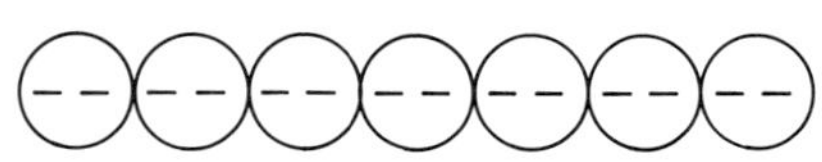

Mit diesen beiden Werten ergeben sich bereits viele Kombinationen.

– lauf lauf lauf lauf springe springe springe springe
– lauf lauf springe springe lauf lauf springe springe
– springe springe springe lauf springe springe springe lauf
– . . .

Die Aufforderung
kann über die **Sprache** erfolgen
oder über den **Tastsinn** (auf den Rücken klopfen)
oder über den **Gesichtssinn**: vormachen, aufzeichnen

oder über das **Gehör**: auf einem **Rhythmus**instrument klopfen, auf einem **Melodie**instrument spielen, Glockenspiel, Xylophon, Flöte, Stimme, auf einem **Harmonie**instrument wiedergeben: Gitarre, Klavier

Variieren

- Der Gehende begleitet sich selber mit Klatschen oder Schlagen
- Der Gehende wird von der Gruppe begleitet
- Die Gruppe klatscht das jeweils Umgekehrte:

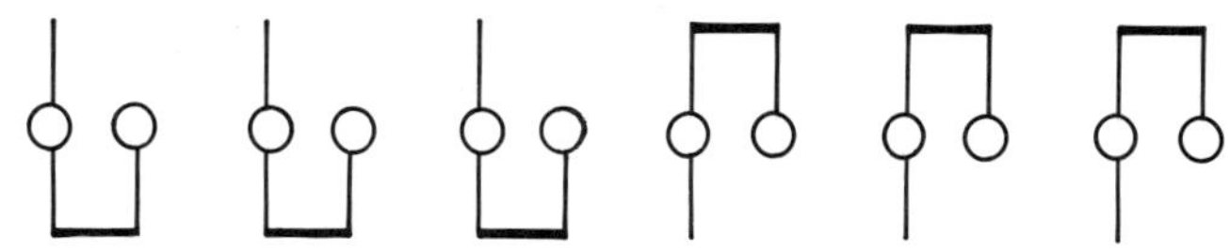

- Jedes Kind versucht, in sich selber zu wechseln: die Füsse gehen Viertel, die Hände klopfen Achtel und umgekehrt.

Die Entwicklung vom **Erleben** – durch den Reifenweg sich bewegen – über das **Erkennen** durch die verschiedenen Möglichkeiten des Umsetzens: Hören – Spüren – Notieren – Aufzeichnen – zum **Benennen** ergibt sich von selbst: Ich vereinfache das Zeichnen, lasse die Reifen als Einheit weg, so dass nur noch die Striche resp. Punkte bleiben. Setze ich Längsstriche nach oben und verbinde die beiden Zweiergruppen durch einen Balken, werden einige Erst- oder Zweitklässler kommentieren: «Aha, das sind Noten, das weiss ich nämlich.»

Mit jüngeren Kindern ist es ohnehin nicht sinnvoll, solche (strengen) Übungen zu machen; sie sollen sich in frei erfundenen Gangarten durch den Reifenweg bewegen. Die Reduzierung auf das Verhältnis 1:2 ist dem Vorschulkind ***nicht*** *angemessen. (Beibringen kann man es ihm schon, es lässt sich vieles einüben.)*

Lasse ich Kinder über lange Zeit ausgiebig und erfinderisch mit diesen beiden Werten – Vierteln und Achteln – umgehen und sie die sensumotorische Kreisrelation ausnutzen, ist die Unterteilung in vier Schritte (zu Sechzehnteln) und in drei Schritte (zu Triolen) keine neue Schwierigkeit, sondern eine Variante des bisher Erprobten.

Lange bei einer Sache bleiben, vielfältig, erfinderisch damit umgehen, eigene Kombinationen finden, ist nicht vergeudete Zeit, sondern schafft vielmehr die Voraussetzung, um den Schritt vom **Erleben** zum **Erkennen** zu machen, dem das **Benennen** auf dem Fuss folgt.

So wie Wahrnehmung und Bewegung sich gegenseitig bedingen und ergänzen, so bilden auch Wahrnehmung, Sprache und Denken einen Regelkreis. Die **Bewegung** läuft in der Zeit ab, sie bleibt an die Zeit gebunden, ist flüchtig. Die **Sprache** ist das Gefäss, wo das Erlebte (Bewegte) aufbewahrt, wieder erinnert und abgerufen werden kann.

Anna B me
Oh Du, Ge Sinne,
ich liebe
Du, Deiner, D ir wir?
Das icht hierher!
W ählte Frauenzimmer,
D ist,
D Leute s
trotti trotti cavallotti
trotti trotti cavallin:
cavallin, cavallin,
cavallung!
ele mele mink mank
pink pank
ore nore aka deia
eia weia weg'
uh

Sprache und Bewegung

«Vokale, sagen die Schriftgelehrten, seien die Seele des Wortes, die Konsonanten sein Skelett. In der Musik sind die Vokale die tragenden Elemente in der melodischen Erfindung, wohingegen die Konsonanten den Rhythmus artikulieren.»
r. murray schafer
«...wenn wörter klingen»

Die Schwingungsmuster der Vokale

Erfahrung

An der gespannten Haut eines Ballons können Vibrationen gut wahrgenommen werden.

Jedes Kind hat einen Ballon, den es möglichst gross aufbläst. Es sucht sich einen Platz im Raum. Den Ballon hält es zwischen den Händen, nur mit den Fingerkuppen, in Gesichtshöhe. Es sucht – durch Gleiten/Schleifen (Glissando) mit der Stimme eine Tonhöhe, in der es sich wohlfühlt. (So, wie jeder Mensch einen ihm eigenen Rhythmus hat, hat er auch einen ihm zugehörigen Grundton.) Bei gleichbleibender Tonhöhe und Lautstärke singt es die verschiedenen Vokale A E I O U in den Ballon, ohne mit den Lippen den Ballon zu berühren. Lässt man die Vokale ineinanderfliessen in jeweils wechselnder Abfolge, werden die Unterschiede in den Schwingungsmustern besonders deutlich wahrgenommen. Gleichzeitig spürt man, dass jeder Vokal einen anderen Raum beansprucht, den Raum anders füllt.

Diese Erfahrungen können auf der Sekundarstufe auf den eigenen Körper übertragen werden. Beim Singen des Vokals spürt man mit der Zeit deutlich, dass sich jeder Vokal einen anderen Ort sucht, in dem er die grösste Resonanz findet.

Die Empfindungen – beim Ballon wie beim eigenen Körper – decken sich bei Kindern meistens nicht. Es erfordert ein sorgfältiges Hinführen und Verweilenkönnen, Nicht-ungeduldig-Werden, Auf-sich-hören/spüren-Lernen. Keinesfalls geht es darum, innerhalb einer Stunde die fünf Vokale übereinstimmend zugeordnet zu haben, sondern vielmehr, einen Weg anzudeuten, auf den man immer wieder zurückkommt. Vorerst ist nur von Bedeutung, dass überhaupt Vibrationen wahrgenommen werden, die bei den einzelnen Vokalen verschieden sind. Das «Verschieden» stellt sich vielleicht anfangs nur in der Intensität dar, und erst mit vermehrtem Üben/Wiederholen finden sich weitere Merkmale.

Vokal-Marotten (Stabpuppen) bauen

Fünfer-Gruppen: Für jeden Vokal wird eine Figur, ein Wesen, erfunden, welches das Besondere dieses Lautes widerspiegelt. (Es geht aber nicht darum, das E oder A als Buchstabenform zu kopieren oder zu personifizieren!)

Jede Gruppe muss sich absprechen und durch Diskutieren versuchen, die Darstellungsform einzukreisen: welche Figur ist karg, eng, voluminös, verspielt, streng, ausladend . . .

Herstellen der Marotten

Für das Gerüst braucht man einen Blumenstecken und eine Styropor- oder gepresste Papierkugel von drei bis fünf Zentimetern Durchmesser, wie sie in Bastelzentren oder Do-it-yourself-Abteilungen erhältlich sind.

Weitergestalten mit **Naturmaterialien** (besonders reizvoll im Herbst!): mit Blättern, Zweigen, Hagebutten, Kastanienhüllen, Tannzapfen, Bucheckern, Moos . . . **oder** mit Papierservietten, Kreppapier, Wattekugeln (für Kopfbedeckungen). Es wird nur geschnitten, geleimt oder mit dem Bostitch befestigt, die Figuren sollen innerhalb einer knappen Stunde spielbereit sein.

Spielen

Eine Bühne improvisieren (siehe Skizzen). Jede Gruppe stellt ihre Figuren vor, indem jede einzeln in einer für sie typischen Bewegung geführt wird, die Figuren sind noch stumm. Die Zuschauer entscheiden am Schluss, welchen Vokal sie welcher Marotte zuordnen.

Szenen erfinden

Jede Gruppe erfindet mit ihren Figuren eine Szene. Jede Figur darf sich nur mit ihrem Laut äussern:

o o o o o   o o o o o o o o   o oo o   aaaaa   ha ahaa a   eee

Durch die Einschränkung wird man gezwungen, sich auf das Charakteristische zu besinnen, und stösst dadurch auf das Wesentliche.

Einsilbige Wörter suchen, die ein A O U E oder I enthalten. Zu welchem Laut fallen uns die meisten ein? (Partnerarbeit)

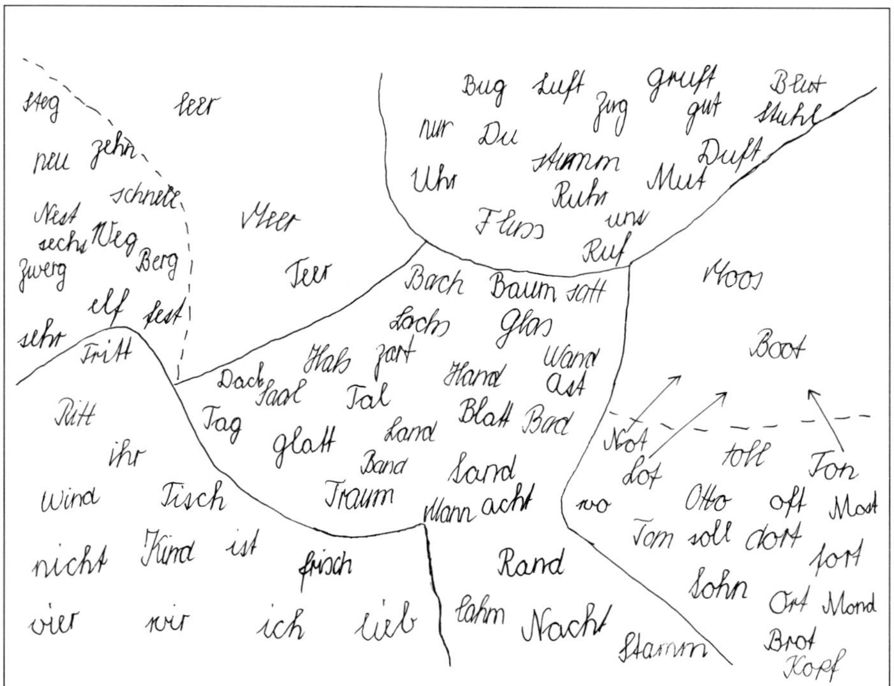

Gedichte

Sand

in meiner Hand,
feiner warmer Sand,
ich möchte dich halten
und behalten.
Doch
du rinnst
wie ein helles Band
sachte aus meiner Hand.
Heller warmer Sand,
bist nicht zum behalten
in meiner kleinen Hand.

Rita Peter

Sieben kecke Schnirkelschnecken

Sieben kecke Schnirkelschnecken
sassen einst auf einem Stecken,
machten dort auf ihrem Sitze
kecke Schnirkelschneckenwitze.
Lachten alle so:
«Ho, ho, ho, ho, ho!»

Doch vor lauter Ho-ho-Lachen,
Schnirkelschneckenwitze-Machen,
fielen sie von ihrem Stecken:
alle sieben Schnirkelschnecken.
Liegen alle da.
Ha, ha, ha, ha, ha!

Josef Guggenmos

ottos mops

ottos mops trotzt
otto: fort mops fort
ottos mops hopst fort
otto: soso

otto holt koks
otto holt obst
otto horcht
otto: mops mops
otto hofft

ottos mops klopft
otto: komm mops komm
ottos mops kommt
ottos mops kotzt
otto: ogottogott

ernst jandl

Aus Glas

Manchmal denke ich mir irgendwas.
Und zum Spass
denke ich mir jetzt, ich bin aus Glas.

Alle Leute, die da auf der Strasse gehen,
bleiben stehen,
um einander durch mich anzusehen.

Und die vielen andern Kinder schrein:
«Ei, wie fein!
Ich, ich, ich will auch durchsichtig sein.»

Doch ein Lümmel stösst mich in den Rücken.
Ich fall hin . . .
Klirr, da liege ich in tausend Stücken.

Ach, ich bleibe lieber, wie ich bin.

Josef Guggenmos

Meine Sprache – fremde Sprachen

Vielleicht entdeckt man in diesem Zusammenhang einmal, dass es Wörter gibt, die in verschiedenen Sprachen ähnlich tönen: *flüstern – flüschtere – chüschele – chuchoter – whisper – bisbigliare,* und versteht die Äusserung eines Zürcher Kantonsrates, der in der Diskussion zur Einführung des Französischunterrichtes auf der Primarschulstufe sagte, dass das Lernen einer Sprache doch auch bedeute, eine zusätzliche Seele gewinnen.

Die musikalischen Elemente in der Sprache

Sprache verstehen und Sprache produzieren und reproduzieren sind unterschiedliche Vorgänge, die sich nicht gleichzeitig entwickeln. Aus unserer Mimik und den musikalischen Anteilen der (gesprochenen) Sprache, – der Satzmelodie, der Klangfarbe, dem Tonfall und dem Rhythmus – versteht schon das ganz kleine Kind, bereits der Säugling, unsere Mitteilung. Bewusst/unbewusst spielen Tonfall und Rhythmus eine viel grössere Rolle, als wir gemeinhin annehmen. Erzieher und zu Erziehende gehen gleichermassen damit um, erzielen eine Wirkung, beeinflussen sich manchmal mehr als über das Inhaltliche.

Das Wegfallen dieser musikalischen Elemente wurde mir im Rhythmikunterricht mit hörbehinderten Kindern schmerzlich bewusst als qualitative Einbusse!

Beispiele

Das JA- und NEIN-Spiel, Sitzrunde

Reihum spricht jedes das Wort JA aus auf seine Weise. In der Gegenrichtung folgt das Wort NEIN, dieses wird aber zuerst vom Sitznachbarn so genau wie möglich wiederholt, gespiegelt, bevor dieser sein NEIN weitergibt. Statt reihum wird das JA/NEIN jemandem, den man durch seinen Blick fixiert, durch den Kreis zugespielt; der Angesprochene gibt das Wort zurück usw.

Paarweise Gespräche erfinden lassen, in denen nur die Wörter JA und NEIN gebraucht werden dürfen.

In diesem Spiel wird deutlich erlebt, was **Klangfarbe/Tonfall/ Sprachmelodie** meinen und welche Wirkung sie auslösen können.

Das einzelne Wort kann beharrlich, überzeugend, schmeichelnd, schnoddrig, abweisend, staunend, bestimmt, unsicher, freudig, trotzig, beschwichtigend ... tönen und entsprechende Reaktionen hervorrufen. Kinder stellen bisweilen erstaunt fest, dass sie mit JA eigentlich NEIN ausdrücken können und umgekehrt.

Umgekehrt

Auf Losen wird die Eigenschaft bezeichnet: z.B. überzeugtes JA, schnippisches NEIN usw.

Der Schüler sucht den entsprechenden klanglichen Ausdruck, die Zuhörenden müssen den passenden Begriff setzen.

Einen Vers in **Stimmungen** umsetzen

bimbeli bimbam borika
borika itariva
bimbeli bimbam bum

Das war einmal ein Lieblingsvers einer Gruppe von Kindern zwischen vier und fünf Jahren. Immer wieder wünschten sie, ihn sagen zu dürfen. Unvermittelt fragte ich sie einmal, wie der Vers tönen würde, wenn sie ganz wütend wären. Da sprangen alle auf, begannen zu stampfen und dazu die Worte zu brüllen; dann liessen sie sich erschöpft zu Boden fallen.

Dass mein Vorschlag, den ich ungeplant, zufällig, spontan eingebracht hatte, auf so grosses Echo stossen würde, überraschte mich. Ich versuchte, den Faden aufzunehmen und weiterzuspinnen:

Wir verwandelten den Spruch in ein **Geheimnis,** brauchten ihn, um bei Mutter/Vater etwas **schmeichelnd** zu erwirken, machten aus ihm einen **Freudentanz** (die Kinder begannen spontan zu singen) oder erzählten ihn als **Gute-Nacht-Geschichte,** bei der wir am Schluss gähnend umsanken und einschliefen.

Mit Schulkindern können **Szenen** erfunden werden, bei denen nur diese im Vers vorkommenden Wörter gebraucht werden dürfen, wobei die Reihenfolge verändert, einzelne Wörter oder Wendungen beliebig wiederholt werden können.

Beispiele:

Telefongespräch	Töffrennen
Im Restaurant	Im Wartezimmer des Arztes
Oper/Operette	Parlamentsdebatte
Tratsch	Auf dem Markt . . .

Erste Versuche

Die ersten Begegnungen mit geformter Sprache erlebt ein Kind (hoffentlich) mit den «Kribbelmärchen» (Es kommt ein Bär von Konstanz her), Tändeleien, Finger- und Reiterversen, Kose-, Trost- und Schlafliedern. Diese frühen Verse und Lieder leben ganz aus dem Melodisch-Rhythmischen und aus der Beziehung über den Körperkontakt und legen den Grundstein für eine lebendige Sprachentwicklung.

Eine weitere Gemeinsamkeit dieser Verse besteht darin, dass Sprache nicht isoliert, sondern immer in Verbindung mit **Bewegung** erfahren wird. Das entspricht dem ganzheitlichen Erleben des kleinen Kindes: Bewegung – Musik – Sprache bilden eine Einheit, die erst in einem späteren Zeitpunkt aufgeteilt und – als Folge der Spezialisierung – vielfältiger wird.

Inhalt und **Form** solcher Verse werden dem kleinen Kind bald vertraut: bei den Fingerversen (Zehenversen) ist immer dem **kleinen** Finger eine besondere Rolle zugedacht und gibt daher dem **kleinen** Kind die Möglichkeit zur Identifikation.

Das isch de Tuume
de schüttlet Pflume
de lest si uf
de treit si hei
und de Chli isst
alli ganz elei!

De goht uf Afrika
de luegt em truurig na
de seit: ade, ade!
de rüeft: uf Widerseh!
Und de Chli seit: Pass uf, am Nil
het's es grosses Krokodil!

In einer Rhythmikstunde für Mutter/Vater und Kind spielt jede(r) Mutter/Vater solche Verse mit dem eigenen Kind. Geborgenheit, Nähe, Wärme sind dabei ebenso wichtig wie das Spiel, sie sind die Vorbedingung, dass Sprache überhaupt ankommt.

Vielen Eltern wird erst in dieser Situation bewusst, welche Bedeutung solchen Sprach-Bewegungsspielen eigentlich zukommt; und in der Auseinandersetzung damit fallen ihnen plötzlich auch wieder Verse aus der eigenen Kindheit ein . . .

Das gemeinsame Spielen in der Rhythmikgruppe hat Katalysatorfunktion.

In der **Krippe** muss das kleine Kind schon früh teilen lernen: den Raum, die Spielsachen, die Bezugsperson . . ., und häufig leben verschiedensprachige Kinder beieinander. Dass sie mit ebensolchem Eifer und Bedürfnis auf solche Körperverse reagieren, zeigt, dass der Bedeutung der Worte, dem Inhalt, nicht die wichtigste Rolle zukommt. Erst in der Verbindung von Berührung/Bewegung/Klang und Sprache entsteht das für das Kind Stimmige.

In der Arbeit mit kleinen (drei- bis fünfjährigen) **hörbehinderten** Kindern, die, bedingt durch ihre Behinderung, weder Sprachmelodie noch -rhythmus aufnehmen, scheint es mir besonders wichtig, das spielerische Element einzubringen. Klangfarbe und Rhythmus als Träger von **Stimmungen,** Gemütslage und Empfindungen werden hier über Mimik und Gestik übermittelt. Weil der Wortschatz noch gering ist, die Lautsprache bei vielen, zumindest den schwerer betroffenen, noch nicht eingesetzt hat, teilen sich diese Kinder natürlicherweise durch ihre Körpersprache mit. (Ich weiss, dass das Unterstützen dieser Fähigkeit in einigen Richtungen der Hörbehindertenpädagogik verpönt ist!) Um mit Fingerversen zu spielen, habe ich auf meine Fingerkuppen einfache Gesichter gemalt und ihnen Äusserungen zugeordnet, die jedem Kind, auch dem hörbehinderten, vertraut sind:

Der sagt: grüezi
der schläft
der sagt: nein nein nein nein (schüttelte energisch den Kopf)
der isst Pudding:mmmmmmm
und der ruft: ade! ich gehe zu Mama.

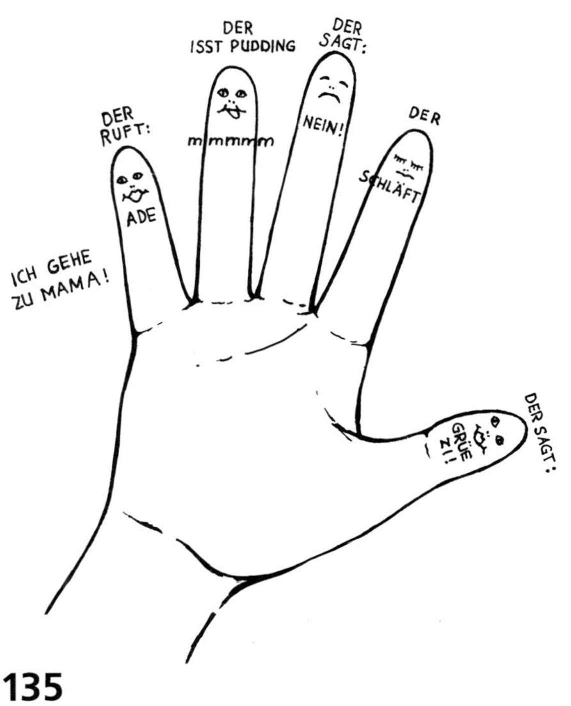

Jede Mutter spielt mit ihrem eigenen Kind. Ebenso wichtig wie das Spiel sind ***Geborgenheit, Nähe*** *und* ***Wärme.***

1/2
*In der **Krippe** muss das kleine Kind schon früh teilen lernen: den Raum, die Spielsachen, die **Bezugsperson.***

3
Obwohl wir verschiedene Sprachen sprechen, verfolgen die Kinder aufmerksam/erwartungsvoll den «bewegten» Vers.

1

2

3

Den Müttern, die während der Stunden nicht mehr dabei waren, brachten die Kinder am Schluss die Kopie meiner Zeichnung mit dem Text, damit sie zu Hause gemeinsam weiterspielen (und üben) könnten.

Wieder eine andere Bedeutung kommt diesen Versen beim fünf- und sechsjährigen Kind zu: es lernt den Vers **in der Gemeinschaft** mit anderen; es lernt dabei seine Hände, die einzelnen Finger kennen, ihre Grösse, ihre Stellung innerhalb der Reihe, es erfährt den Begriff «der Reihe nach». Es ist gar nicht so einfach oder gar selbstverständlich, den jeweils richtigen Finger aus der ganzen Hand zu erwischen und ihn festhalten zu können. Erstens sind die Finger noch viel kleiner als bei uns, und zweitens wollen immer alle (Finger) dasselbe tun – das kleine Kind kann noch nicht dissoziieren – **alle** wollen sich strecken, **alle** wollen sich beugen. Das Spielen/Bewegen einzelner Finger schult die **Feinmotorik** der Hand, die ihrerseits einen Einfluss auf die **Sprechmotorik** hat. Das zeigt einen nochmals anderen Aspekt des Umgangs mit Fingerversen, nämlich denjenigen des **Motorischen** beim **Sprechen.**

Reiterverse

leben ganz aus dem Rhythmus. Das Kind sitzt dem Erwachsenen rittlings auf den Knieen, und die ganze Erwartung und Aufmerksamkeit richtet sich auf das Fallengelassenwerden am Schluss. Trotz diesem Vertrautsein lassen sich Kinder immer wieder überraschen, sehnen diesen Schluss herbei, geniessen das Spiel des Hinauszögerns, um sich dann laut jauchzend fallen zu lassen. Das wiederholte Drängen nach «noch einmal» ist der Beweis, welch unwiderstehlichen Reiz diese Verse ausüben.

«Wiederholung gibt Sicherheit» ist die eine Erklärung für diese Erscheinung, die sich zu einem späteren Zeitpunkt, z.B. beim Märchenhören, mit derselben Beharrlichkeit wieder einstellen wird.

Bei den Fingerversen hört das Kind auf die Worte, es will wissen, was die einzelnen Finger machen, der **Inhalt** spielt eine Rolle, während er bei diesen Kniereitern nebensächlich ist.

Trotti trotti cavallotti,
trotti trotti cavallin';
cavallin', cavallin',
cavallung!

Dieser Vers in einem oberitalienischen Dialekt wird genauso verstanden wie das deutsche «Hoppe hoppe Reiter» oder das schweizerdeutsche «Rite rite Rössli».

Im Kindergarten kann dieser Vers **in Bewegung umgesetzt** werden: Die Kinder laufen/traben – ohne sich gegenseitig anzustossen – durch den Raum. Die Worte: **trotti trotti cavallotti, trotti trotti cavallin'** können dazu (von der Gruppenleiterin) gesungen oder gesprochen werden. Zum **cavallin' cavallin'** wird – ganz dem Wortrhythmus entsprechend – galoppiert, und auf **cavallung** wird ein wirkliches oder imaginäres Hindernis übersprungen. In jeweils freier Reihenfolge wechseln die beiden Gangarten, wobei die Bewegung durch die gesungene oder gesprochene Sprache ausgelöst wird. Binden wir einem Kind Schellenbänder um die Fesseln, werden die beiden Rhythmen, der gleichmässige und der punktierte, **hörbar.** Die Kinder hören dann mit geschlossenen Augen zu und machen nach, was sie gehört haben. Die Gangarten können auch auf Rhythmusinstrumente – Trommeln, Bongos, Schlaghölzer – übertragen werden.

Lautmalerei

Wir können beobachten, dass vier- bis fünfjährige Kinder aus eigenem Antrieb Reime in einer Phantasie-Lautsprache erfinden, die ihre Entsprechung in den tradierten Nonsens-Versen haben.

Ele mele mink mank
pink pank
ore nore aka deia
eia weia weg!

Ellerli sellerli
sigerli sa
ribedi rabedi knoll.

Da diese Wörter nichts bedeuten, können sie alles bedeuten. Im spielerischen Umgang mit solchen Versen, wie sie uns meist als **Abzählverse** in Erinnerung geblieben sind, schulen wir bei Unter- und Mittelstufenschülern, die auch noch Spass haben daran (!), das Gefühl für Rhythmus und Form.

Beispiel

Je zwei Kinder sitzen sich am Boden oder auf Stühlen gegenüber. Sie sprechen den Vers und **klatschen/patschen** dazu auf den Boden, auf die Beine, in die eigenen Hände, in die fremden Hände und setzen sich aus den vielen Möglichkeiten einen Ablauf zusammen, der ihnen gefällt und der sich wiederholen und nachmachen lässt.

Beim gegenseitigen Vorzeigen kann man beobachten, wie Kinder ein Gespür entwickeln für Stimmiges und Zutreffendes und wie sachbezogen sie kritisieren können: «Mir gefällt euer Vorschlag noch besser, mich dünkt, das passt alles so gut zusammen.»

Statt zu klatschen, kann vielleicht ein Hüpfmuster mit den Füssen erfunden werden. Lassen sich die beiden Möglichkeiten sogar zusammenbringen?

Als Variante können Gegenstände dazugenommen werden:
«Erfindet eine Folge mit Tennisbällen.»
«Begleitet den Vers mit Instrumenten.»

Die Spiele können jeweils allein, paarweise oder in Gruppen entwickelt werden.

Spielen weckt Freude

Es gibt Kinder, deren Beziehung zur Sprache einmal eine Verzögerung oder eine Störung erfahren hat, die eine Betreuung und Förderung in Form eines Sprachheilunterrichtes oder einer Legasthenietherapie notwendig machen. Für diese Kinder ist der **spielerische Umgang** mit **Sprache,** das Betonen von **Rhythmus, Melodie** und **Klangfarbe** besonders wichtig. Dadurch kann die Freude, die erst den Zugang wieder möglich macht, schneller und spontaner geweckt werden als durch Übenübenüben am Fehlenden. Wird Sprache wieder als etwas Lustvolles erlebt, wachsen auch Einsicht und Bereitschaft, dass z.B. Lautverbindungen geübt und trainiert werden müssen.

Aber ob dem Partiellen und Speziellen darf das Ganze nicht aus den Augen – bzw. aus dem Gehör – verloren werden. Parallel zum Erarbeiten von bestimmten Fertigkeiten, das sich stets auf Einzelnes bezieht, werden wir immer auch Gelegenheiten wahrnehmen, wo Ganzes erlebt und erfahren werden kann: Geschichten erzählen/vorlesen, Gedichte lesen/lehren/lernen.

Oftmals ist ein Kind überfordert, wenn es allein ein ganzes Gedicht lesen und auswendig lernen muss. Vielleicht kann man auch miteinander ein Gedicht lernen? Nach meiner Erfahrung eignen sich für 2.-, 3.- und 4.-Klässler ganz besonders Gedichte von Josef Guggenmos; sie sind rhythmisch einprägsam, gehen fantasievoll mit Sprache um und wecken daher immer viele Bilder.

Beispiel

Die Kiesel

Die Kiesel, die kalten,
die ur- ur- uralten,
im Bergbach liegen sie still.

Ist mancher darunter,
manch feiner, manch bunter,
manch blankes, herrliches Ding.

Der Fritz kommt vorüber,
gleich beugt er sich nieder,
den schönsten sucht er sich aus.

Betrachtet und prüft ihn,
umfasst ihn und wiegt ihn
und wirft ihn, so weit er nur kann.

Der Stein lernt das Fliegen
und wird wieder liegen
tausend Jahre still.

Josef Guggenmos, dtv Nr. 7001, Seite 118

Immer drei Kinder bilden eine Gruppe und entscheiden sich, welche Strophe sie miteinander lernen wollen. Sie stimmen sich in Rhythmus und Ausdruck so aufeinander ab, dass beim Hörer der Eindruck entsteht, **ein** Kind spreche die Strophe. Die Kinder lesen sich vorerst die Zeilen vor, lernen sie dann aber gleich auswendig.

Sie sprechen so, als wollten sie den anderen eine Geschichte mitteilen, etwas Neues, Unbekanntes. Die Schüler setzen sich so in einen Stuhlkreis, wie sich die Zeilen im Gedicht folgen und schliessen die Augen. Wenn es ganz ruhig ist, spricht der erste die Überschrift, und die Fortführung ergibt sich von selbst.

Noch spannender wird es, wenn anschliessend die Plätze vertauscht werden und niemand weiss, aus welcher Richtung die Fortsetzung ertönen wird. Das Augenschliessen bedeutet für scheue und ängstliche Kinder eine Hilfe oder Entlastung, weil sie niemanden sehen und nicht gesehen werden.

In der Zweierbeziehung (Therapiesituation): Das Kind lernt/spricht eine Zeile, der Erwachsene spricht eine Zeile, gemeinsam sprechen sie die dritte. Das Aufnehmen/Lernen geschieht über Nachsprechen, nicht Erlesen, damit der natürliche Redefluss erhalten bleibt.

Einen Vers vertonen

setzt voraus, dass Kinder fähig sind, einen Grundschlag, einen Puls, einen Grundrhythmus zu spüren (ohne dass jedoch der Vers skandiert wird!).

Beispiel

Öne töne to
Gapernelle no
Isabelle Pumpernelle
ibeli bibeli pum!

Zuerst lesen und sprechen wir den Vers in immer wieder anderer Art, bis die Wörter den Kindern in Fleisch und Blut übergegangen sind: vorsprechen – nachsprechen, solo – tutti, in vier Gruppen mit einem Dirigenten usw. Wir versuchen, auf einem grossen Becken (Cymbel), ersatzweise auch auf einem Gong, den Vers zu spielen. (Die Kinder müssten mit dem Instrument bereits vertraut sein.) Zur Verfügung stehen weiche und mittlere Schlegel und ein Paar Jazzbesen. Für jede Zeile suchen wir eine mögliche klangliche Umsetzung.

Vorschläge

to und **no**

Mit dem weichen Schlegel am Beckenrand anschlagen, damit der Ton ausschwingen kann.

öne töne
Nur je den Anfang jedes Wortes mit einem harten Schlegel in der Mitte des Beckens anschlagen.

Gapernelle
Alle vier Silben in der Mitte anschlagen.

Isabelle/Pumpernelle
Jede Silbe wird wiedergegeben.

Wir suchen auch den Klangfarbenunterschied vom hellen, spitzen I zum dunklen, dumpfen U umzusetzen, vielleicht mit dem Schlegelstiel an den Rand tippen, mit dem Kopf auf die Wölbung schlagen und zusätzlich abdämpfen; zwei Kinder spielen im Wechsel, sie stehen sich gegenüber, die ganze Gruppe **spricht** dazu.

Damit der Vers lebendig bleibt, darf er nicht zu langsam gesprochen werden, das bedeutet, dass die Schlusszeile: **ibeli bibeli pum** sehr schnell wird. Für das Spielen hat das zur Folge, dass die Silben (in Notenwerte übertragen, sind es Triolen) nicht ausgeschlagen werden; das ist, sicher für Unterstufenkinder, technisch zu anspruchsvoll. Mit dem Jazzbesen hin- und herwischen wäre eine Möglichkeit. Das «pum» wird natürlich geschlagen, und da der Laut nicht ausklingt im Gegensatz zu «to» und «no», wird der Klang festgehalten, so wie das m den Mund verschliesst.

Hat die Gruppe für jede Zeile eine stimmige Klangmöglichkeit gefunden oder sich auf eine Art geeinigt, setzen wir die Teile zusammen, wobei jeweils ein Spieler ein Wort oder eine Zeile übernimmt. Weil die einzelnen Zeilen so kurz sind, d.h. sehr schnell von einer Spielart auf die nächste gewechselt werden muss, haben wir auch schon die dritte Zeile verdoppelt und die vierte verdreifacht, wobei das «pum» erst ganz am Schluss steht. Der Vers sieht dann so aus:

Öne töne to
Gapernelle no
Isabelle Pumpernelle
Isabelle Pumpernelle
ibeli bibeli
ibeli bibeli
ibeli bibeli pum

Das Ziel ist, den Vers am Schluss **ohne Sprechen** auszuführen, nur zu rhythmisieren. Dadurch wird klar ersichtlich, ob die Kinder den Puls wahrnehmen können. Mit Mittelstufenkindern ist es unter Umständen sinnvoll, anschliessend den Vers auch in Notenwerten zu notieren.

Die klangliche Wiedergabe variiert je nach Alter und den **davon abhängigen** technischen Fähigkeiten und Fertigkeiten. Wichtig scheint mir, dass jede Stufe eine ihr angemessene Lösung findet.

Die Alters- und Stufenhinweise sind sehr relativ. Je mehr eine Gruppe die Möglichkeit hat, sich mit besonderen Spielformen auseinanderzusetzen, desto selbstverständlicher und vertrauter wird der Umgang damit. Und parallel dazu wachsen die Ausdrucksmöglichkeiten und die technischen Fertigkeiten.

Reimen

Das Reizvolle an Versen ist nicht nur der Rhythmus, sondern auch der Reim. Meist kurz vor Schuleintritt entdecken Kinder – fast über Nacht – die Freude am Reim. Sie stellen sich dann vor einen hin und fordern: «Sag einmal: katholisch», um uns dann schadenfroh das «rossbollisch» an den Kopf zu werfen. Das greift meist wie eine Seuche um sich und verschwindet wieder, wie es gekommen ist. Aber der Bazillus liesse sich ja auch aufnehmen:

Was ich von meinen Tanten zum Geburtstag bekam:

Von Tante Wilhelmine
eine Mandarine,

von Tante Grete
eine Trompete,

von Tante Adelheid
ein Sommerkleid,

von Tante Beate
eine Tomate,

von Tante Liane
eine Banane,

von Tante Isabell
ein weisses Bärenfell,

von Tante Veronika
eine Harmonika

von Tante Emilie,
eine Lilie,

von Tante Kunigunde
zwei lustige Hunde,

zuletzt von Tante Erika
eine Karte aus Amerika.

Tante Walpurga, auf die sich nichts reimt,
hat mein zerbrochenes Holzpferd geleimt.

Vera Ferra-Mikura
aus: Kindergedichte, ausgewählt von Edith Harries,
O. Maier Verlag, Ravensburg 1978

Für unsere Schweizer Ohren haben die Tanten sehr ungewohnte, sehr deutsch klingende Namen. Kinder können ja selber erfinden, was sie von wem geschenkt erhalten. In der Mundart müssen wir allerdings auch auf Onkels zurückgreifen – um des Reimes willen – aber die schenken ja auch gelegentlich etwas, oder?
Wer schenkt es Chueli, wenn nicht der Ueli?
Wer stiftet einen Computerkurs, wenn nicht der . . .?
Eine Wurst am Meter, schenkt Onkel . . .
von Tante Antoinette: ein Trottinett, und:
im Kanton Bern gibt die Tante Vreneli gäng weneli (wenig).

Die Abweichungen in der Mundart bescheren einem wieder andere Geschenke!

Ausblick

Der spielerische Umgang mit Sprache, wie er hier angedeutet wurde, soll in erster Linie die **Freude** an der Sprache wecken, den Sinn für den **Sprachrhythmus** entwickeln, die **Sprachmelodie** lebendig erhalten, sensibel machen für die **Form.** Wird dieser Umgang selbstverständlich, verschafft er mir später auch vielfältigen Zugang zu Gedichten wie dem grossen Lalula von Morgenstern, weckt vielleicht das Interesse an den Lautgedichten der Dadaisten und führt zur konkreten und visuellen Poesie.

Konkrete Poesie

Ist es möglich, die Sprache aus ihrer Buchstabengruft herauszuholen? Die Wörter von der Totenstarre ihrer typographischen Form zu befreien? Den Bann zu brechen, der sie zu Papier gebracht hat, und die bösen Geister auszutreiben? Die Dichter haben es versucht. Zuerst die Dadaisten und Futuristen, später, in unserer Zeit, die Schöpfer der Konkreten Poesie.
r. murray schafer
«... wenn wörter klingen»

Beispiel

w w

d i

n n n

i d i d

w w

eugen gomringer: wind – konstellation
aus: Konstellationen – Ideogramme – Stundenbuch/reclam

Ich habe die Konstellation aufgelöst und jedes der dreizehn Elemente auf eine Kartonrondelle von 20 cm Durchmesser gezeichnet, wobei ich das eine Mal Grossbuchstaben, das andere Mal, wie gomringer, Kleinbuchstaben brauchte. Wir spielen in zwei Gruppen; jede erhält das Dreizehner-Paket mit der Aufforderung, etwas für die Gruppe Sinnvolles damit zu gestalten, etwas Statisches, Personenunabhängiges, das von der andern Gruppe betrachtet werden kann. Mit den Grossbuchstaben wird die Aufgabe sehr schnell eingeschränkt auf Buchstaben, die das Wort «WIND» ergeben.

Bei den Kleinbuchstaben, wie gomringer sie setzt, sind die Zeichen mehrdeutig: i oder !, n oder u, d oder b, p oder q. Die Zeichen vermögen sogar aus ihrer Buchstabenbedeutung herauszuschlüpfen:
Kommentar der Gruppe: «Wenn es regnet, verlassen die Schnecken ihren Unterschlupf.»

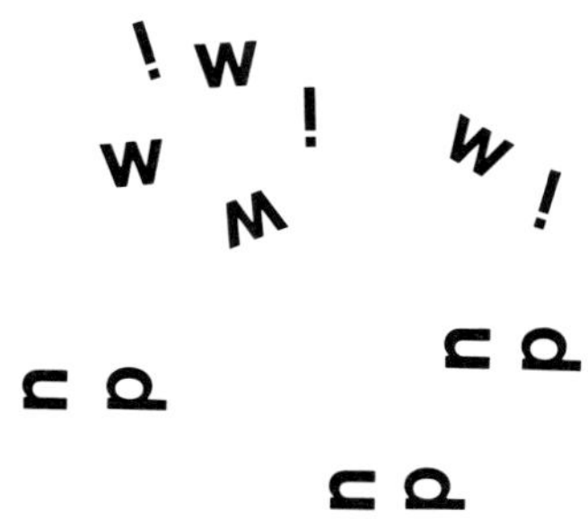

Gruppen, die an der Buchstabenbedeutung festhalten, finden bald durch das überzählige W zur Kreuzworträtsellösung von waagrechter und senkrechter Anordnung:

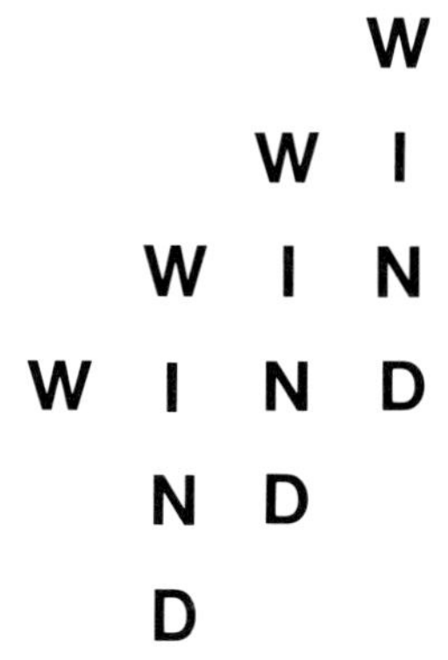

Die Vorstellung des **Windrades** liegt dieser Ausdrucksweise zugrunde.

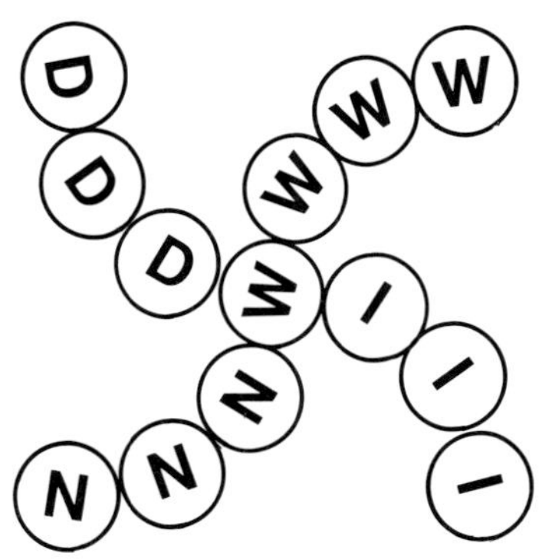

Gelegentlich wird auch die **dritte Dimension** in die Gestaltung miteinbezogen; die Kartonteile werden gegeneinander gestellt, so dass ein Windtunnel entsteht.

Manche Formen ergeben Lautgedichte oder gar Lautgeschichten.

Kaum jemals kommt jemand auf die Idee, die **Bewegung** des Windes in die Gestaltung der Form miteinzubeziehen. Erst auf die Aufforderung: «Zeigt mit euren Armen oder mit dem ganzen Körper eine Windbewegung oder -richtung!» entstehen diagonale Windstösse und Wirbelwinde. In diesem Zeitpunkt wird es sinnvoll, die **gomringersche konstellation** aufzuzeigen, die meist mit einem erstaunt-belustigten «Aha» aufgenommen wird.

Bei der Übertragung des Gebildes auf ein A4-Blatt kann ich folgende Hilfestellung geben:

- Mit Schnüren oder Seilen legen wir einen Raster, so dass die Gesetzmässigkeiten sichtbar werden.
- Die jeweils gleichen Zeichen haben die gleiche Farbe.
- Für Unterstufenschüler skizziere ich den Bauplan mit Bleistift.

Jeder Spieler versucht jetzt, möglichst viele **Wind-Wörter zu finden**, die er mit Farbe einkreist.

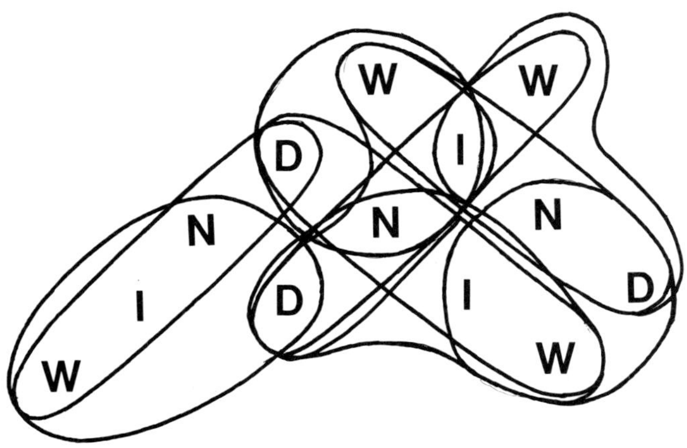

Als nächstes sucht sich jeder einen Weg durch dieses **Wind**-Gedicht, auf dem er möglichst oft das Wort **Wind** mitnehmen kann. Der Stift saust durch die Wörter, es soll ein Bewegungs**fluss** entstehen.

Wer einen Bewegungsablauf gefunden hat, in dem er sich wohlfühlt, der ihn bewegungsmässig und optisch anspricht, vergrössert ihn auf eine Packpapierbahn. Durch das wiederholte Überfahren der Form entsteht **aus dem linearen Bild ein dynamisches;** der Druck verändert sich, Linien werden vervielfacht, es entsteht ein Wechsel von hell und dunkel, Licht und Schatten, enger und weiter Strichführung. Manche Figuren entwickeln sich zu **Endlosbändern**, bei anderen bleiben Anfang und Ende klar ersichtlich und wichtig.

Während des Zeichnens beginnen viele, Kinder und Erwachsene, ihre Bewegung mit der Stimme zu begleiten. Liegt das Packpapier auf einem Holzboden, erzeugen die mit wechselnder Dynamik darübergleitenden Stifte ein wind-ähnliches Geräusch.

Eine folgerichtige Weiterführung (ab Mittelstufe) ist die **Übertragung des Gebildes von der Fläche in den Raum**, d.h. der **Wind**-Weg wird getanzt, von einem einzelnen oder von einer Gruppe, wobei sich eine meist vokale Begleitung durch den/die Tanzenden wie von selbst ergibt.

Die Begleitung kann aber auch auf Instrumenten und/oder mit der Stimme von den Mitschülern gestaltet werden.

Als Vorübung oder Einstimmung zur vokalen Begleitung probieren wir aus, welchen **Wind** die einzelnen Laute des Wortes ergeben:

wwwwWWWwwwww W W wwww www w WWWwww

i i i i i   i i   i i i i i   i i   i i i i i i   i i   i i i i i i   i i i i i i i i i   i i   i i i i   i i i i i i i i

Wo sind diese Winde vernehmbar
Erläuterung von Kindern:

- **Der W-Wind** ist im Haus hörbar, der pfeift um den Kamin, um die Hausecke.
- **Der I-Wind** saust über das Feld oder um einen Gipfel, er hat keinen Widerstand . . .
- Der verhaltenste ist der **N-Wind**, er ist kaum vernehmbar.
- Und **der D-Laut** ahmt die Bewegung von Espenlaub nach.

Ich bin mir bewusst, mit diesen Beispielen nur einen ganz schmalen und speziellen Ausschnitt aus dem unendlich weiten Bereich der Sprache beleuchtet zu haben. Mir als Rhythmikerin, die gewohnt ist, von der Bewegung und von der Musik her zu empfinden und zu denken, erschliesst sich dieser Bereich als erster.

Rückspiegel Rückspiegel

Ich habe versucht, Vorgänge und Entwicklungen zu beschreiben, wie sie sich mir in den zwanzig Jahren meiner Tätigkeit als Rhythmikerin dargestellt haben. Dass ich sie bei Stadt- und Landkindern, bei Vorschulpflichtigen und Schulkindern beobachten konnte, lässt den Schluss zu, dass den Vorgängen Gesetzmässigkeiten zugrunde liegen, die allgemein gültig sind.

Am meisten gelernt habe ich mit den heilpädagogisch zu betreuenden Kindern, weil ihre Verhaltensweisen und Entwicklungsschritte etwas Holzschnittartiges aufweisen und mir dadurch mancher Vorgang, der sich normalerweise fliessend in Grautönen abspielt, erst recht zu Bewusstsein gekommen ist.

Mit der teilweise peinlich genauen Beschreibung beabsichtige ich, solche Erfahrungsschritte aufzuzeigen. Die Übungen, an denen sie erfahrbar werden, sind in oder aus meinen Stunden entstanden, einige habe ich, zumindest von der Idee her, übernommen. Mehr als um die dargestellte Übung geht es mir darum, Entwicklungsmöglichkeiten aufzuzeigen, auf Beziehungen hinzuweisen, die es ermöglichen, die einzelnen Bereiche der Wahrnehmung, des sozialen Lernens und des eigenen Gestaltens durch eine immer engere Vernetzung zu einem sinnvollen Ganzen zu verknüpfen.

Abkürzungen

KG Kindergarten
EK Einführungsklasse
HPS Heilpädagogische Sonderschule
U Unterstufe
M Mittelstufe

Materialliste

- Reifen, 90 cm Durchmesser, naturfarben
- Gymnastikbälle
- Tennisbälle
- Holzkugeln, 10 cm Durchmesser
- Rhythmikstäbchen (Verschränkstäbchen), 25 cm lang, 1 cm breit, rot/blau/grün/gelb und naturfarben
- farbige Tücher
- Nylon-Georgette-Tücher
- Blöcke, $4 \times 12 \times 24$ cm und $1 \times 3 \times 6$ cm aus Tannenholz, abgekantet und lackiert, naturfarben
- Schlaghölzer, 18 cm lang, 2 cm Durchmesser, gedrechselt, naturfarben
- Rasselbüchsen
- Tamburin, 20 cm Durchmesser, Holzrahmen, mit Fell bespannt
- Tafeln, 40×50 cm, Hartpavatex, mit Wandtafelfarbe gestrichen
- japanische Papierbälle

Das von Mimi Scheiblauer erprobte Material ist in der Bundesrepublik Deutschland patentamtlich geschützt und wird von der Firma Staneker «Spielzeuggarten», D-7400 Tübingen 9, Karl-Brennenstuhl-Strasse 14, hergestellt und allein vertrieben. Materiallisten können dort angefordert werden.

Quellen

Bünner G./Röthig P. (Hrsg): Grundlagen und Methoden rhythmischer Erziehung, Klett, Stuttgart 1975
Bauer W.: Lexikon der Symbole, Fourier Verlag, Wiesbaden 1980
Borchers E.: Das grosse Lalula und andere Gedichte und Geschichten, Insel Taschenbuch 91, 1975
Cooper J. C.: Illustriertes Lexikon der traditionellen Symbole, Drei Lilien Verlag, Wiesbaden 1986
Feudel H. G.: Ein Leben für die Rhythmik, BRHE, Remscheid 1981
Heyer-Oeschger M.: Erfassen und Fördern im Kindergarten, Schwerpunkt Wahrnehmung, Schweizerischer Kindergärtnerinnenverein, Zürich 1987
Hirner F.: Zur Bedeutung der Förderung von Wahrnehmungsleistungen bei Kindern mit Lernstörungen und Lernbehinderungen, in: Schweizerische Heilpädagogische Rundschau 5/85
Hoffmann Muischneek S.: Förderung von Sprache und Sprechen durch Steigerung der Wahrnehmungsleistungen, in: Rhythmik in der Erziehung 4/85
Hoffmann Muischneek S.: Rhythmik für Mutter / Vater und Kind, in: Rhythmik in der Erziehung 3/85
Hoffmann Muischneek S.: Vom Umgang mit Formen, in: Bündner Schulblatt (5) 1985/86
Kükelhaus H.: Urzahl und Gebärde, Klett und Balmer, Zug 1984
Kükelhaus H.: Hören und Sehen in Tätigkeit, Klett und Balmer, Zug 1978
Kükelhaus H.: Organismus und Technik, fischer alternativ 1979
Kükelhaus H./zur Lippe R.: Entfaltung der Sinne, fischer alternativ 1982
Manz H.: Worte kann man drehen, Beltz & Gelberg, Weinheim 1985
Riedel I.: Formen, Kreuz Verlag, Stuttgart 1985
schafer r.m.: . . . wenn wörter klingen, rote reihe/univeral edition 20037, Wien 1972
so – la – so – mi, Schweizerischer Kindergärtnerinnenverein, Zürich 1985
Sprachbastelbuch, das: Ravensburger Taschenbücher 398, 1977

Bilderbücher

Carle E.: Das Geheimnis der acht Zeichen, Gerstenberg, Hildesheim 1984
Carle E.: Die kleine Spinne spinnt und schweigt, Gerstenberg, Hildesheim 1986
Roberts C.: Der Punkt, Oetinger, Hamburg 1960 (vergriffen)
Lewis S.: Mein Autofrosch, Ellermann, München 1977 (vergriffen)
Walter M.: Annette, ein Spiegelbuch, Pierrot Verlag, Lausanne 1979
Zander U.: Das Bauhaus Suahuab, Schwann, Eindhoven 1978

Wir danken den Autoren und Verlagen für die Genehmigung, die nachstehend aufgeführten Gedichte und Lieder abzudrucken. Falls nicht anders erwähnt, liegen die Abdrucksrechte bei den Autoren.

Ferra-Mikura V.: Was ich von meinen Tanten zum Geburtstag bekam. Aus: Margaret Rettich, «Kindergedichte», Otto Maier Verlag, Ravensburg 1978
Guggenmos J.: Aus Glas / Der Faden / Die Kiesel / Sieben kecke Schnirkelschnecken. Aus: Josef Guggenmos «Was denkt die Maus am Donnerstag», © 1967/85 Georg Bitter Verlag, Recklinghausen.
Gomringer E.: wind. Aus: Eugen Gomringer «konstellationen ideogramme stundenbuch», reclam universal-bibliothek, Verlag Philipp Reclam jun., Ditzingen 1983
Jandl E.: Ottos Mops hopst. Aus: Ernst Jandl, «Der künstliche Baum», 1970 © by Luchterhand Literaturverlag GmbH, Darmstadt.
Peter R.: Sand. Aus: Rita Peter «Auf dem Platz die Spatzen schwatzen» © 1983 Verlag Schweizerisches Jugendschriftenwerk, Zürich.
Stern A. und K.: No no nette. Aus: Alfred und Klara Stern «Röselichranz», 1942 © Verlag Sauerländer, Aarau und Frankfurt/M.
Züricher G.: Ynestäche / Ellerli sellerli / Bimbeli bimbam / Katheri / Öne töne to / Domino / I ha-n-ech welle singe / Schynt, schynt d'Sunne. Aus: Gertrud Züricher «Kinderlied und Kinderspiel», Verlag Gute Schriften Bern, 1966 © Verlag Wyss, Bern.